어린이를 위한 뇌과학 프로젝트

정재승의 인간탐구보고서

기획 정재승 | 글 정재은 이고은 | 그림 김현민

아울북

# 차례

<인간 탐구 보고서>를 시작하며 **6**
　청소년들에게 '호모 사피엔스 뇌의 경이로움'을 일깨워 주었으면

**등장인물 소개 12**

**프롤로그 16**
　유에프오 카페, 영업 개시!

**뇌가 말랑해지는 시간 108, 124, 164**

**6권 미리보기 166**

## 1 엉뚱한 귀신 소동 ……… 32
어린 지구인들은 비이성적 놀이를 즐긴다
　**보고서 26**　지구에서는 얼굴을 알아보는 것이 중요하다

## 2 라후드의 탈출 시도 ……… 51
스스로를 속이는 지구인들의 눈, 코, 입
　**보고서 27**　지구인들의 감각은 서로 도움이 필요하다

## 3 생각한 대로, 말하는 대로 ……… 71
섣부른 착각이 지구인에게 미치는 영향
　**보고서 28**　지구인들은 호들갑쟁이다

## 4 줍줍과 깜장이의 연결 고리 ······ 91
### 슬픈 지구인을 위로하는 이상한 방법
**보고서 29** 지구인들은 모든 걸 마음 탓으로 돌린다

## 5 완벽한 착각의 기쁨 ······ 109
### 돈과 시간을 들여 착각을 사는 지구인들
**보고서 30** 지구인들은 매일 속는다

## 6 좋은 일이 일어날 거야 ······ 125
### 지구인은 마음에 따라 시간을 다르게 감각한다
**보고서 31** 지구인들의 후각은 기억을 불러일으킨다

## 7 비밀 공유 ······ 145
### 나만 들을 수 있는 내 이름
**보고서 32** 지구인들은 원하는 소리만 들을 수 있다

<인간 탐구 보고서>를 시작하며

# 청소년들에게 '호모 사피엔스 뇌의 경이로움'을 일깨워 주었으면

어린이와 청소년들에게 단 한 권의 책을 읽혀야 한다면, 그것은 '우리들에 대한 과학'이어야 한다고 생각합니다. 우리 인간이 왜 이렇게 행동하고 생각하는지 '마음의 과학'을 일러 주어야 한다고 말입니다. 어린 시절 우리가 무척 궁금해하고 고민하는 대부분의 것들은 바로 나와 가족, 친구들, 그리고 이웃들의 마음에서 비롯된 것들이니까요.

왜 엄마가 하지 말라는 행동은 더 하고 싶은 걸까요? 아빠가 형이나 오빠를 더 챙기면 질투가 나서, 왜 형까지 미운 걸까요? 왜 시험 때만 되면 교과서 말고 다른 책들이 더 읽고 싶어지는지, 왜 좋아하는 여학생은 더 잘 대해 주어야 하는데 오히려 놀리고 싶은지, 정말 궁금하지요.

### 어린이들에게 마음의 과학을

마음을 탐구하는 학문인 뇌과학과 심리학은 인간의 사고, 판단, 행동에 대한 가장 흥미로운 설명을 우리들에게 들려줍니다. 지난 150년 간 신경과학자들과 심리학자들은 '인간 뇌가 어떻게 작동하여 마음

이란 걸 만들어 냈는지' 꽤 많은 걸 밝혀냈습니다. 초등학교와 중학교에 다니는 학생들에게 다른 나라 언어나 복잡한 수학 공식을 가르쳐 주는 것도 필요하지만, '마음의 과학'을 가르쳐 주는 것이 가장 중요합니다. 나는 누구이며, 우리는 어떤 존재인지, 인간 사회는 왜 이렇게 돌아가는지에 대해 과학자들이 밝혀낸 사실들을 아이들에게 알려 주어야 합니다. 그게 우리에게 진짜 유익한 지식이니까요.

그런데 놀랍게도, 우리나라는 고등학교를 졸업할 때까지 뇌과학이나 심리학을 배울 기회가 거의 없습니다. 생물 시간에 잠깐, '우리 뇌는 뉴런이라는 신경 세포들이 시냅스로 연결된 거대한 그물망(네트워크)이며, 뉴런들이 서로 전기 신호를 주고받으면서 놀라운 정신 작용을 만들어 낸다.'는 것 외에는 세상이 아이들에게 '뇌와 마음'에 대해 가르쳐 주지 않습니다.

제게는 딸 셋이 있습니다. 초등학교에 다니는 저희 딸아이들을 위해 제가 책을 한 권 낼 수 있다면, '어린이와 청소년들을 위한 뇌과학' 책이어야 한다고 생각했습니다. 그렇게 해서 이 책이 탄생하게 됐습니다. 무려 10년 전부터 준비했던 이 책이 여러 우여곡절을 거쳐 드디어 근사한 모습으로 빛을 보게 된 것입니다. 바라건대, 이 책이 혼란스러운 어린 시절과 고민 많은 사춘기를 관통하게 될 모든 10대들에게

'나에 대한 친절한 가이드북'이 되었으면 합니다. 뇌과학과 심리학이 그들을 유익한 방황과 진지한 성찰로 인도해 줄 겁니다.

**인간의 일상을 낯설게 관찰하기**

이 책은 외계인의 시선으로 인간을 탐구하는 흥미로운 이야기입니다. 아우레 행성으로부터 외계 생명체 아싸, 바바, 오로라, 라후드가 지구로 찾아옵니다. 아우레에서 더 이상 살 수 없게 되자, 이주할 외계 행성을 찾기 위해 지구에 파견 온 그들은 지구의 지배자인 인간들을 관찰합니다. 우리 인간들을 물리치고 지구를 점령할지, 인간들과 공존하며 지구에서 함께 살지 알아보기 위해 말입니다.

호모 사피엔스를 처음 만난 아우린들에게는 인간의 모든 행동 하나하나가 흥미로운 관찰 대상입니다. 얼굴에 옹기종기 모여 있는 눈, 코, 입의 형상에 지나치게 집착하는 것도 흥미롭고, 기억력도 자신들에 비해 부실하고, 불쑥불쑥 화를 내며 충동 억제를 잘 못하는 인간들이 그저 신기하기만 합니다. 그러면서도 그들은 자신들을 '현명한 동물(Homo sapiens, 호모 사피엔스)'이라고 부르니 말입니다. 전혀 합리적으로 행동하지 않는 우리 호모 사피엔스들이 그들에겐 그저 어리석게만 보일 뿐입니다. 하지만 그들이 우리를 점점 알아 가면서 우리 인

간들의 장점도 파악하겠지요? 기대해 봅니다.

  아이들은 이 책의 첫 페이지를 열면서 외계인의 시선으로 인간을 바라보는 생경한 경험을 하게 될 것입니다. 아싸와 아우레 탐사대처럼 인간을 관찰한 후 '탐구 보고서'를 아우레 행성으로 보내는 과정에 동참할 것입니다. 이 과정을 통해 아이들은 우리들의 평범하고 당연한 일상을 낯설게 바라보는 경험을 하게 될 것입니다. 마치 우리가 곤충을 관찰하고 기록 일기를 쓰듯이, 인간의 일상을 관찰하고 탐구 보고서를 쓰면서 우리를 돌아보게 될 것입니다.

### 인간이라는 사랑스럽고 경이로운 생명체

  그 과정에서 아이들은 우리 인간을 비로소 '이해'하게 될 것입니다. 외계 생명체 라후드처럼 '인간은 정말 이해 못 할 이상한 동물'이라고 여겼다가, 점점 우리들을 이해하게 될 것입니다. 방금 본 것도 잘 기억하지 못할 정도로 호모 사피엔스의 기억 중추는 턱없이 부실하지만, 그렇기에 우리는 부실한 기억 중추를 만회하려고 '반드시 기억해야 할 것이 무엇인지, 소중한 것이 무엇인지 판단하는 능력'을 얻게 됐는데, 그것이 우리를 더 근사한 존재로 만든다는 것을 깨닫게 되지요. 친구가 산 옷이면 나도 사고 싶고, 형이 먹는 걸 보면 배가 고프지 않아도 나도 먹고 싶고, 동생이 우는 것만 봐도 나도 그냥 눈물이 날 정도로 우리 인간들은 '이상한 따라쟁이'입니다. 하지만 그 덕분에 다른 사람의 감정에 공감하며 슬픔을 함께 극복하고 힘든 역경을 이겨 낼 수 있다는 걸 깨닫게 됩니다. 아싸와 아우레 탐사대가 그렇듯, 우리 어린이들도 이 책을 읽으면서 인간 존재의 신비로움을 깨닫게 될 것입니다.

그러면서 결국 외계 생명체 아우린들이 '인간이 얼마나 사랑할 만한 존재'인지 알아주었으면 합니다. 무지 비합리적이고 종종 충동적이며 때론 폭력적이기까지 한 존재이지만, 인간 내면의 실체를 모두 알게 되면, 우리 호모 사피엔스가 얼마나 사랑스러운 존재인지 깨달았으면 좋겠습니다. 아우레 행성의 외계 생명체들이 제발 우리를 지배하려 하지 말고, 우리 인간들의 사랑스러운 매력에 빠져 주길 희망합니다.

무엇보다도, 인간의 뇌는 이성과 감성이라는 두 말이 이끄는 쌍두마차로서, 우리가 사는 세상을 좀 더 근사한 곳으로 만들기 위해 끊임없이 애쓰는 경이로운 기관임을 그들이, 아니 어린 독자들이 알아주었으면 합니다. 우리는 과학이라는 정교한 현미경을 가지고 있으면서도, 동시에 예술이라는 풍성한 악기도 가지고 있는 놀라운 생명체라는 사실 말입니다. 바티칸 시스티나 성당의 '천지창조'를 그릴 정도로

풍부한 감성을 가졌으면서도, 동시에 우주가 빅뱅에 의해 138억 년 전에 탄생했다는 사실을 밝혀낸 이성적인 존재라는 사실 말입니다.

### 인간의 숲으로 도전적인 탐험을!

 인간의 실체가 모두 속속들이 밝혀질 때까지, 아싸와 아우레 탐사대의 '인간 탐구 보고서'는 아우레 행성을 향해 끊임없이 발신될 것입니다. 호모 사피엔스의 뇌가 가진 경이로운 능력, 사랑스러운 매력이 외계 생명체들에게 충분히 이해될 때까지 보고서는 결코 멈추지 않을 것입니다. 그 과정에서 우리 어린이들 또한 인간에 대한 이해가 깊어지겠지요? 외계 생명체 아우린들이 흥미롭게 써 내려간 '인간 탐구 보고서'에서 어린이들과 청소년들이 나를 발견하는 놀라운 경험을 하게 되길 진심으로 기대합니다. 사실 인간 탐구 보고서는 인간 사회를 지배하기 위해 아우레 행성의 정복자들이 작성한 무시무시한 보고서가 아니라, 인간이라는 숲을 탐색하는 외계 탐험가의 도전적인 보고서이기 때문입니다. 자, 이제 그들의 인간 탐험을 흥미롭게 함께해 주시길!

정재승 (KAIST 바이오및뇌공학과 교수)

## 등장인물 아우레인

최고의 이성을 지닌 천재 과학자.
청각이 매우 뛰어나서, 귀를 여는 것만으로도
주변 환경을 감지할 수 있다.
주된 임무는 에너지 넘치는 지구인
초등학생들과 놀기. 매번 방법도
바꿔 가며 놀아야 해서 매우 피곤하다.
최근에는 한 가지 임무가 추가되어 더욱 바빠졌다.
그건 바로 바바를 감시하는 일……!

### 아싸

---

아우레 행성의 비밀 요원.
지구인의 운명을 결정지을
중요한 무기를 지니고 있다.
지구인을 없애야 하나, 말아야 하나?
뛰어난 이성으로도 풀리지 않는 문제는 처음이다.
개로 변신한 채 집을 나섰다가
아주아주 위험한 상황에 처한다!

### 바바

항상 자신의 총을 깨끗하게 손질하는
아우레 행성의 절두절미한 군인…이지만,
이젠 미용실 앞치마가 더 잘 어울린다.
지구인 슈트를 입을 땐 눈을 두 개밖에
쓰지 못해 약간 답답하기도 하다.
그래도 시력과 관찰력은 여전해서
스쳐 지나가며 본 작은 물체도 정확히 기억한다.

## 오로라

---

외계문명탐구클럽의 회장.
언젠가는 회원들을 이끌고
우주의 신비한 문명을 찾아 떠나고 싶다.
최근에는 지구 음식의 달달함에 푹 빠져 버렸다.
본부 근처에 새로 생긴 카페가 풍기는
익숙한 외계의 향기를 맡고선
자기도 모르게 마음을 빼앗기고 만다.

## 라후드

## 등장인물 지구인

### 써니

유행하는 놀이에는 꼭 껴야
직성이 풀리는 초등학교 5학년.
요즘에는 귀신 찾기에 빠져 있다.
보이지 않아도 들리지 않아도
느낄 수 있어. 귀신이 있다는 걸!

### 유니

최근 친구들과 멀어져
고독지옥에 빠진 중학교 2학년.
누군가 자신을 불러 주기를 바라고 있다.
이런 간절함 때문인지 예전보다
귀가 예민해진 것 같은 느낌이 든다.

### 줍줍할매

매일 길고양이들을 챙기는 할머니.
날씨가 추워지면 찜질방에 간다.
뜨끈한 곳에서 땀을 쫙 빼면
왠지 건강해지는 것 같다나?

### 루이

각종 아르바이트의 달인.
어느 날 라후드에게 아르바이트를
추천하며 멀리멀리 데려간다.
그곳에서 무슨 일이 벌어질지도 모르고….

## 보스

외계인을 쫓는 추적 본부의 두목. 하루라도 커피 없이는 못 산다. 단맛을 매우 좋아해서 뜨거운 커피에 시럽 펌핑 세 번은 기본이다.

## 정 박사

정체가 의심스러운 보스의 스승. 지구인인 듯 지구인 같지 않은 날카로운 감각의 소유자다. 착각이 일상인 여느 지구인들과 달리, 착각을 하지 않아 오히려 이상해 보인다.

## 윤박

보스의 부하. 똑똑한 과학자라 논리적이고 이성적이기만 할 것 같지만, 사실 세상의 온갖 기이하고 수상한 것은 다 좋아한다. 특히 타로점은 볼수록 빠져든다.

# 유에프오 카페, 영업 개시!

보통 사람들은 세상을 보고, 듣고, 냄새 맡고, 맛보고, 피부로 느낀다. 하지만 보스는 자신에게 또 하나의 감각이 있다고 믿었다. 증명할 수도, 설명할 수도 없지만 어느 순간 팍 꽂히는 직감! 외계인에 관한 한 보스는 전파 망원경보다 자신의 직감을 더 믿었다.

드디어 공사장을 가린 검은 장막이 걷히고, 오래된 동네와 전혀 어울리지 않는 건물이 모습을 드러냈다. 낯선 외계의 분위기가 물씬 풍기는 카페였다. 보스는 카페 앞에 버티고 서서 외계인이 오기만을 기다렸다.

"나타나라, 외계인."

세련되고 웅장한 카페는 온 동네의 관심을 끌었다. 하지만 누구도 선뜻 들어가지 못했다. 강렬한 카리스마를 내뿜는 보스 때문이었다.

그러거나 말거나 보스는 지구인들의 사정에는 관심도 없었다. 보스 카페는 지구인들을 위한 카페가 아니라, 어딘가 숨어 있을 외계인을 끌어들이기 위해 만든 외계인 추적 본부니까. 이름은 카페 유에프오, 인테리어는 어릴 적 보스가 보았던 외계인의 우주선을 그대로 본떠 만들었다.

라후드는 카페의 지붕을 장식한 우주선을 보고 깜짝 놀랐다. 어떻게 2,000년 전 아우레를 방문했던 샤포이 행성의 우주선과 똑같지?

'샤포이 우주선을 4분의 1로 줄여 놓은 것 같다.'

너무나 반가운 나머지 라후드는 조심성을 잃고 우주선, 아니 카페로 다가갔다. 마침 카페 앞을 기웃거리던 루이가 라후드를 보고 말을 걸었다.

"아, 라후드 씨도 구경하러 왔나 봐요. 여기 주인, 외계인 엄청 좋아하는 것 같죠? 카페를 유에프오 모양으로 짓고."

루이는 샤포이 우주선을 가리키며 말했다.

"유에프오요? 저 우주선이?"

"네. 미확인 비행 물체, 외계인이 타고 오는 우주선 말이에요."

갑자기 라후드의 머릿속이 복잡해졌다. 외계인을 두려워하는 지구인들이 샤포이 우주선을 안다고? 게다가 이름까지 붙였고? 외계의 우주선을 싫어하는 게 아니었나?

"루이는 유에프오를 타고 온 샤포… 아니, 외계인을 봤어요?"

"에이~! 당연히 못 봤죠. 유에프오가 어딨어요? 전 외계인은 믿어도 유에프오는 안 믿어요. 외계 우주선이 전부 다 접시를 엎어 놓은 모양으로 생겼다니. 말이 안 되죠. 유에프오가 정말 있다면 행성마다 다르게 생기지 않았을까요? 동그란 거, 세모난 거, 쭈글쭈글한 거……. 어쩌면 투명 우주선도 있을지 몰라요."

루이의 말은 반은 맞고 반은 틀렸다. 우주에는 수많은 외계인들이 있지만, 우주선의 모양은 크게 나누면 몇 종류밖에 없다. 우주의 물리 법칙에 따라 만들어지기 때문이다.

카페 앞에 서 있던 사람이 갑자기 라후드와 루이를 불렀다. 언뜻 보면 지구인 할머니 같지만 샤포인도 좀 닮았다. 특히 주름 많은 피부와 강렬한 눈빛이……

'지구인으로 변장한 샤포인이 아닐까?'

외계 문명 탐험가의 호기심이 확 불타올랐다.

루이는 덜컥 겁이 났다. 유에프오를 믿지 않는다고 했지만, 왠지 보스의 느낌이 심상치 않았다. 게다가 특별한 디저트라니. 대체 뭘 만들어 팔려는 걸까?

"성격 장난 아니게 생겼어요. 얼른 가요."

루이는 라후드에게 속삭이고 당장 그 자리를 떠났다. 하지만 외계 문명 탐험가는 달랐다.

'외모와 성격은 관계가 없다.'

보스는 순하고 서글서글해 보이는 루이가 마음에 들어서 물어본 거였다. 덩치는 산만 하고, 머리는 산발하고, 눈빛마저 흔들리는 라후드가 아니라.

"안 돼, 당신은 너무 커. 우리 카페에 어울리지 않는다."

라후드는 실망했다.

'또 외모 차별. 저자는 샤포인이 아니다. 지구인이다. 이 넓은 우주에서 외모로 차별하는 존재는 지구인밖에 없다.'

보스는 자신에게 너무 실망했다. 열 살 때 외계인을 만난 이후 갑자기 늙어 버린 겉모습 때문에 따돌림을 당하고, 놀림을 받았다. 다행히 정 쌤을 만나 자신감을 얻고 보스로 성공했지만 지금도 가끔 그때의 상처가 아프다.

보스는 자신은 절대 외모로 다른 사람을 차별하지 않겠다고, 따돌림당하고 상처받은 아이가 있으면 꼭 돕겠다고 결심했다. 그런 자신이 외모로 사람을 평가하고 무시하다니!

"맞다. 내가 잘못 판단했다. 당신, 여기서 일한다. 실시!"

보스는 당장 잘못을 뉘우쳤고, 덕분에 라후드는 또 일자리를 구했다.

라후드는 이제야 알아차렸다. 카페 유에프오는 외계인을 붙잡아 해부하고, 실험하려는 외계인 추적자들의 본부다. 당장 달아나야 한다.

라후드는 앞치마를 벗어 던지며 외쳤다.

"보스, 저는 이곳과 어울리지 않아요. 당장 그만둘게요."

그날 밤 아우린 임시 본부에서는 긴급회의가 열렸다.

"그 카페는 외계인 추적자 본부다. 검은 양복보다 훨씬 무서운 보스도 있다. 여기까지 쫓아온 걸 보면 우리 존재를 눈치챘다. 당장 떠나자."

탐사대원들은 깊은 고민에 빠졌다. 외계인 추적자와 가까이할수록 들킬 가능성이 높다. 하지만 임시 본부를 떠나면 행성과의 통신이 문제다. 비밀 요원 바바는 통신 장치를 선택했다.

"행성 지도부의 명령이 있을 때까지 임시 본부를 지키자. 라후드는 지구인보다 더 지구인 같아서 괜찮다."

몰래 바바를 감시하는 아싸는 바바를 선택했다.

"바바의 의견이 맞다. 라후드가 외계인 추적 본부에서 그들을 감시하면, 오히려 탐사대의 안전을 지킬 수 있다."

"모두의 의견이 그렇다면, 행성 지도부의 지시가 도달할 때까지 임시 본부에 남는다."

오로라가 최종적으로 결정을 내렸다.

싫어! 난 떠날 거야. 당장 아우레로 보내 줘~!

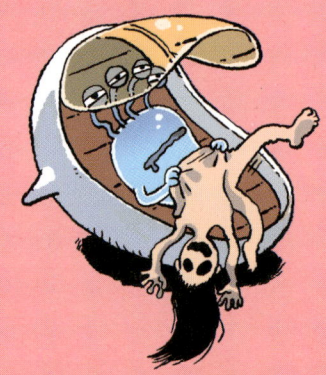

# 1

# 엉뚱한 귀신 소동

어린 지구인들은 비이성적 놀이를 즐긴다

외계인들의 아침 풍경은 점점 지구인을 닮아 갔다.

라후드는 눈을 뜨기 전부터 자신의 임무를 불평했다.

"일어나기 싫다. 일하러 가기 싫다. 보스 카페 정말 싫다."

아싸와 오로라는 지구인 슈트를 억지로 입으며 투덜거렸다.

"학교는 더 싫다. 학교는 지구에서 가장 시끄러운 곳이다."

"미용실은 끔찍하다. 위니 미용실은 우주에서 가장 불편한 곳이다."

세 외계인은 가기 싫어 죽겠다면서도 시간에 딱 맞춰 각자의 일터로 출발했다.

바바는 높은 이성의 아우린들이 지구인을 닮아 가는 꼴을 보고만 있을 수 없었다. 출근하는 외계인들의 등에 대고 바바가 소리쳤다.

"아침마다 자신의 임무에 대해 불평하면서도 순순히 따르다니, 지구인이 다 되었다. 지구인의 나쁜 영향력에서 벗어나야 한다."

"바바, 너야말로 지구인 같다. 잔소리를 다 하고."

라후드의 말에 바바는 정신이 번쩍 들었다. 비밀 요원 바바의 정신마저 오염시키는 지구인을 그냥 두어서는 안 된다.

얼굴의 정체는 지문이 뭉개진 지구인의 손가락 자국이었다. 나란히 찍힌 지문 두 개, 조금 아래쪽에 하나 더. 창문 접근성과 얼룩 크기로 보아 써니 아니면 줍줍의 흔적이다. 하지만 써니는 얼굴이라고 우겼다.

"눈, 눈, 입. 안 보여?"

써니는 세 개의 얼룩과 그 사이의 공간을 얼굴로 착각했다. 지구인의 시각이 불완전해서 생기는 착각이었다. 써니뿐 아니라 써니네 반 아이들도 다 같은 착각을 했다. 그러고는 부족한 시각 능력을 보완하기는커녕 착각을 이용해 놀이를 만들었다. 일정한 간격으로 찍힌 점 세 개, 구멍 세 개, 얼룩 세 개 등을 학급 게시판에 찍어 올리는 놀이였다. 착각도 모자라 감정까지 느끼면서 말이다.

"지금 못 자국 세 개, 검정 깨 세 개, 코코아에 떨어진 우유 세 방울을 보고 얼굴이라고 하는 것이냐?"

아싸가 정확히 말해 줘도 소용이 없었다. 아이들은 오히려 아싸를 이상하게 생각했다.

"여기 얼굴 안 보여? 넌 천재면서 왜 얼굴을 못 찾아?"

"혹시 너 외계인이야?"

아싸는 또다시 외계인이라는 의심을 받고 말았다. 외계인 추적자가 코앞에 접근해 있는 현재 상황에서는 아주 사소한 의심도 위험하다.

'아우레 탐사대의 안전을 위해 얼굴 찾기 게임에 참여한다.'

아싸는 얼룩의 위치와 거리 등을 분석했다. 아우레 최고의 과학자에게는 매우 쉬운 일이었다. 쓸데없이 이성을 낭비하기 싫을 뿐! 아싸는 집중력을 발휘해 단숨에 얼굴 모양을 찾았다.

아우레 최고의 과학자는 평범한 어린 지구인과 전혀 맞지 않았다. 특히 놀이가 끔찍했다. 교실에서 유행하는 놀이는 자주 바뀌었고, 아싸는 아우레 최고의 지성을 낭비하며 적응했지만 점점 지쳤다.

어느새 교실에서는 새로운 놀이가 시작되었다. 귀신 찾기.
많은 아이들이 귀신이 있다고 믿었다. 귀신을 무서워하면서도 끊임없이 귀신 이야기를 하고, 귀신이 나온다는 장소를 찾아다니며, 있지도 않은 귀신 사진을 찍었다. 참으로 비이성적인 행동이었다.

썬이는 외롭고 심심하게 혼자 있는 아싸에게 다가갔다. 재미있는 놀이에 아싸를 끼워 줘야지. 그게 바로 우정이지!

"아싸, 같이 가자. 우리 집에서 진짜 가까워."

"싫다."

아우레 최고 과학자는 있지도 않은 귀신을 찾아다니지 않는다. 하지만 준은 아싸가 겁을 낸다고 생각했다.

"왜, 천재도 귀신이 무섭냐?"

"아니. 존재하지 않는 것은 무섭지 않다. 귀신은 없으니까."

썬이는 진심으로 귀신을 믿었다. 솔직히 좀비와 뱀파이어는 좀 의심스럽지만 귀신의 존재는 의심해 본 적이 없었다.

"귀신이 없다고? 그럼 사람이 죽으면 영혼은 어디로 가?"

의학 기술의 수준이 낮아 죽음을 극복하지 못한 지구인이 할 만한 질문이었다. 아싸는 지구인들에게 진실을 말해 주었다.

"영혼은 없다. 사람의 정신은 뇌의 작용이다. 영혼이 없으니 네가 생각하는 귀신도 없고, 유령도 없다. 있다면 과학적으로 증명해 봐라."

써니는 한숨을 푹 쉬었다. 도저히 이해할 수 없다는 듯이……

"하지만 아싸, 넌 괴물 유령을 봤잖아. 수련회에서 준이 괴물 유령한테서 너를 구해 줬다며."

기억력도, 이성도, 지성도 떨어지는 써니가 그것을 생각해 낼 줄이야! 아싸는 잠시 할 말을 잃었다.

써니는 아싸의 대답을 기다렸다.

준도 아싸를 빤히 쳐다보았다. 수련회의 기억은 준에게 미스터리 그 자체였다. 괴물 유령을 물리친 것 같기도 하고, 놀란 외계인을 본 것 같기도 하고, 나쁜 꿈을 꾼 것 같기도 하고, 또렷한 현실 같기도 하고…….

아싸는 혼란스러워하는 준을 쳐다보았다. 유령이 없다고 하면 준은 그때의 기억을 어떻게 해석할까?

어쩔 수 없었다. 아우레 최고의 이성을 가진 아싸는 귀신을 믿기로 했다. 아니, 믿는다고 말하기로 했다.

"맞다. 나는 분명히 괴물 유령을 봤다. 귀신도… 있다."

그날 밤, 귀신이 나온다는 빈집 앞에 써니와 아싸, 준, 몇몇 친구들이 모였다.

# 보고서 26
# 지구에서는 얼굴을 알아보는 것이 중요하다

 2019년 11월 4일     아우레 7385년 30월 7일    작성자: 아싸

**지구 사건 개요**

* 지구인 초등학생들이 학교에 가는 이유는 친구들과 놀이를 하기 위해서임. 수업 시간보다 쉬는 시간에 훨씬 적극적.
* 지난 1주일간 써니는 자신의 모든 관찰력과 집중력을 얼굴 모양 얼룩을 찾는 데 써 버림. 다른 지구인 초등학생들도 마찬가지. 한 가지 놀이에 빠진 지구인들은 하루 종일 같은 행동을 반복. 이런 지루한 놀이를 함께하지 않으면 이상하다는 의심을 받으므로, 어쩔 수 없이 아우린의 높은 지능을 발휘해 얼굴 찾기 놀이에 동참함.
* 지구인들 중에는 귀신을 무서워하는 경우가 많음. 지구의 귀신은 대부분 다리 없이 둥둥 떠다니고, 반투명한 모습을 하고 있음. 만약 아우린 본부 주변에 이러한 형태를 만들어 놓는다면, 지구인들의 접근을 막을 수 있을 것임. (또는 귀신 놀이를 하겠다고 동네 아이들이 몰려들거나.)

## 지구인에게 얼굴이란

- 지구인들이 외모에, 특히 얼굴에 집착한다는 이전의 보고서 내용과 비슷한 일 발생. 다른 점은, 작은 차이로도 외모를 구분하던 이전과 달리, 매우 보편적이고 포괄적인 형태를 통해 얼굴을 찾고 판단하려는 시도를 했음. 눈 두 개, 입 하나만 있으면 모두 얼굴로 판단. 이 과정에 코나 귀, 눈썹 같은 건 필요하지 않음. 얼굴을 찾는 과정에서 미세한 특징은 고려하지 않았음.
- 지구인이 자꾸 얼굴을 찾는 이유는 얼굴을 알아보는 것이 그만큼 중요하기 때문. 지구인은 유난히 다른 사람의 시선에 신경을 쓰고 다른 사람의 평가를 중요하게 생각하기 때문에, 주변인들의 표정에 따라 자기 표정까지 바꾸는 경우가 많음. 사회적인 표정임. 이를 위해 자신을 쳐다보는 다른 얼굴이 있지 않은지 늘 주의를 기울임.

- 지구인은 감각 기관 중 시각 정보에 가장 많이 의존함. 그러나 있는 그대로 보지 않고, 기억에 의존해 지금 보고 있는 것을 판단. 이 때문에 적당한 위치에 점 세 개가 있으면 쉽게 얼굴을 떠올림. 지구인의 뇌가 쉽게 얼굴을 찾을 수 있도록 진화했음.
- 지구인의 뇌 중에서 방추형이랑은 얼굴에 대한 정보를 처리하는 곳. 이 부분이 손상되면 얼굴의 눈, 코, 입은 지각할 수 있으나 누구의 얼굴인지는 알아보지 못함. 또는 누구의 얼굴인지 알아도 표정을 읽지 못함. 지구인 중 유난히 다른 사람의 얼굴을 알아보지 못하는 사람은 방추형이랑이 손상되었을지도 모름.
- 얼굴을 알아보고 상황에 맞는 말과 행동을 하는 것을 매우 중요하게 생각하는 지구인들에게 이것은 매우 치명적인 결함이 됨. 아우린들처럼 생김새가 통일되지 않고 다르게 진화했다면 큰 문제가 아니었을 텐데, 매우 안타까움.

## 보고 싶은 것만 보고 듣고 싶은 것만 듣는 지구인

- 지구인들은 크게 시각, 청각, 촉각, 후각, 미각의 다섯 가지 감각을 사용하고, 감각들은 각각 감각 기관과 수용기가 따로 있음. 예를 들어, 시각은 눈을 통해 들어온 자극을 망막에서 처리함. 지구인의 뇌는 이렇게 들어온 자극에 의미를 부여하고 해석함.
- 지구인들은 외부 환경의 무수히 많은 자극 중 필요한 자극만 받아들임. 그리고 자신의 경험과 지식을 사용해 이것을 해석함. 아주 편파적으로 감각하면서 자신이 보고 들은 것이 전부인 것처럼 행동함. 아주 뻔뻔한 생명체.

### 사전 정보에 따라 다르게 보인다는 지구인의 그림

세 장의 그림이 무슨 차이가 있는지 알 수 있는가? 왼쪽 그림은 '고개를 뒤로 돌리고 뒤를 보는 젊은 여성', 오른쪽 그림은 '입을 조금 벌리고 있는 나이 든 여성의 옆모습'이다. 지구인들은 왼쪽과 오른쪽 그림 중 어느 그림을 먼저 보았는지에 따라, 가운데 그림을 서로 다르게 해석한다. 왼쪽 그림을 본 사람은 가운데 그림에서 '목걸이를 한 젊은 여성'을 떠올리고, 오른쪽 그림을 본 사람은 가운데 그림에서 '턱이 앞으로 나온 나이 든 여성'을 보게 되는 것. 사전에 가지고 있던 정보에 따라 현재 보이는 이미지에 대한 해석도 달라지다니. 재미있는 지구인들임.

## 지구인들의 시각 작동 원리

- 지구인들은 사고나 장애로 시력을 잃지 않는 한, 대부분 두 개의 눈으로 사물을 봄. 이때 받아들인 정보는 망막에 맺히는데, 이때까지도 지구인들은 자신이 본 것이 무엇인지 알지 못함. 아직은 봤다고 말하기 어려운 수준. 망막에 맺힌 시각 정보가 시신경을 통해 이동한 뒤 대뇌 시각 피질로 전달되어야 사물을 인지하는 것임.
- 이 과정에서 지구인의 기대와 해석, 기억이 방금 본 사물을 보는 데 영향을 미침.

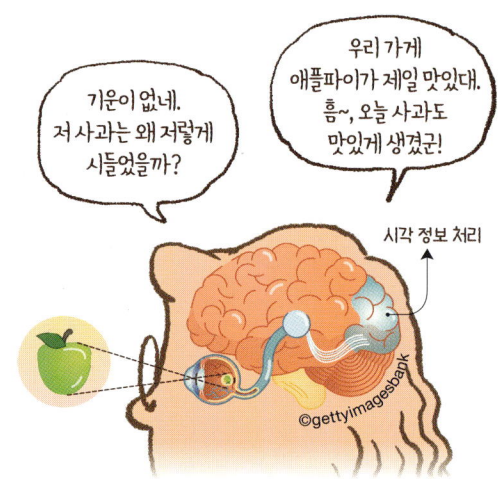

## 2

# 라후드의
# 탈출 시도

### 스스로를 속이는 지구인들의 눈, 코, 입

 라후드는 외계 방사선 탐지 장치가 설치된 보스 카페의 문을 무사히 통과했다. 다음 단계는 외계인 추적자들의 의심 피하기. 일단 지구 문명 탐구 과정에서 알아낸 최고로 지구인다운 인사를 건넨다.
 "보스, 날씨가 참 좋네요. 밥은 먹었어요?"
 "더워 죽겠는데 좋긴 뭐가 좋아요?"

지구인다운 아침 인사는 실패했다. 조건이 안 맞았나?

라후드는 외계인임을 들키지 않기 위해 얼른 그다음 지구인스러운 임무를 수행했다. 바로 아침 커피 준비하기.

어제까지는 '삭신이 쑤신다, 이가 시리다, 으슬으슬하다'며 뜨거운 커피만 고집하던 보스였다. 라후드는 변덕쟁이 지구인을 위해 뜨거운 물 대신 얼음을 듬뿍 넣은 아이스커피를 새로 만들었다.

어제도 설탕 시럽을 뿅뿅뿅, 오늘도 뿅뿅뿅 세 번 짜 넣었는데 갑자기 맛이 없다고? 그건 커피 탓이 아니라 보스의 변덕 탓이다. 하지만 보스는 당당하게 큰소리를 쳤다.

"아이스는 설탕을 더 넣어야지. 차면 단맛이 잘 안 느껴지는 것도 몰라요?"

라후드는 몰랐다. 지구인의 미각이 이렇게 불완전한 줄은!

지구에는 다양한 음식이 발달해 있으니 지구인의 미각도 발달한 줄 알았다. 하지만 반대였나 보다. 미각이 뒤떨어지기 때문에 다양하고 자극적인 맛을 개발한 거였다.

라후드는 보스가 원하는 대로 시럽을 듬뿍 더 넣어 주었다. 보스는 어지러울 만큼 다디단 커피를 마시고 기분이 좋아졌다.

"딱 좋아. 라후드 씨, 평생 여기서 일해요. 우주 끝까지 함께 가자고."

그날 저녁, 본부로 돌아온 라후드는 바닥에 털썩 쓰러졌다.

오로라가 다급히 물었다. 역시 라후드를 믿는 게 아니었나?

"아니. 내가 일을 너무 잘한대. 보스가 날 놔주지 않아. 우주 끝까지 함께 가재."

　　줍줍할매는 음식을 내놓으며 맛이 아니라 모양을 평가했다. 아우린들은 이해할 수 없었다.
　　"음식은 모양이 아니라 맛이 중요해요."
　　지구인들에게 여러 번 외모 차별을 당했던 라후드는 음식조차도 외모로 평가하고 싶지 않았다. 하지만 줍줍은 음식의 외모 품평을 멈추지 않았다.

"그래도 보기 좋은 떡이 맛도 더 좋은 법이죠."

떡케이크는 줍줍이 자주 가져오던 쑥개떡이나 옥수수술떡, 인절미와는 확실히 달랐다. 시간을 많이 들여서 복잡하게 꾸민 티가 팍팍 났다. 치장한 떡을 더 맛있다고 생각하다니, 지구인의 미각은 시각의 영향도 받는 모양이었다.

그렇다고 더 예뻐 보이진 않았지만, 어쨌거나 라후드는 새로 만난 지구의 음식을 신중하게 먹어 보았다.

딱 그 재료들이 낼 수 있는, 딱 그런 맛이었다. 라후드가 좋아하는 맛은 아니었다.

"할머니도 같이 드세요."

라후드는 줍줍에게 권했다.

"난 됐어. 코가 막혀서 그런가, 맛을 잘 모르겠네."

냄새를 못 맡으면 맛도 느낄 수 없다고? 지구인의 미각은 후각의 영향도 받는 것 같았다.

줍줍은 미각에 관한 정보를 많이 흘리고 갔다. 라후드는 그 정보들을 토대로 보스 카페를 탈출할 계획을 세웠다.

"미각의 약점을 이용해, 지구인이 불쾌해할 디저트를 개발해야지. 손님들이 내 디저트를 싫어하면 결국 보스 카페는 망할 거고, 나는 자연스럽게 보스에게서 벗어난다."

높은 이성의 아우린만이 짤 수 있는 완벽한 계획이었다.

라후드는 당장 새 메뉴를 개발했다.

"보기 좋은 떡이 먹기 좋다면, 보기 나쁜 떡은 먹기 싫겠지!"

라후드는 지구인들이 끔찍하게 싫어하는 것들을 떠올렸다. 뱀, 쥐, 다리 많은 벌레, 똥……. 지구인들은 싫어하는 것이 너무 많아서, 메뉴를 얼마든지 만들 수 있었다.

라후드는 비장의 무기를 꺼냈다. 줍줍 할매로부터 알게 된 지구인들의 미각과 후각에 대한 정보를 이용해, 바바가 만들어 준 냄새 스프레이 3종 세트!

"미각은 후각의 영향을 많이 받는다고 했지!"

라후드는 소똥 케이크에는 쓰레기 냄새 용액을 칙칙칙, 거미 도넛에는 썩은 계란 냄새 용액을 칙칙칙, 지네 쿠키에는 똥 냄새 용액을 칙칙칙 세 번씩 뿌려 주었다.

"웩, 냄새. 이걸 어떻게 먹어요?"

"이런 음식을 팔면 외계인은커녕 지구인도 안 오겠어요."

윤박과 검은 양복은 완성된 디저트를 맛보고 진저리를 쳤다.

라후드의 음식은 여전히 맛이 좋았지만, 지구인들은 모양과 냄새 때문에 맛을 제대로 느낄 수 없었다.

카페 손님들의 반응도 외계인 추적자들과 비슷했다.

주문한 음식이 나오면 소스라치게 놀랐다가, 억지로 한두 번 먹어 보고 몸서리를 치며 떠났다.

결국 보스는 라후드를 불렀다.

"라후드 씨, 만든 음식 다 가져와 봐요."

라후드는 정성껏 만든 괴상한 디저트를 보스 앞에 늘어놓았다.

맛을 보는 보스의 표정이 점점 험악해졌다. 보스 카페에서 쫓겨나기 프로젝트는 성공을 눈앞에 두고 있었다.

"역시 제가 그만둘게요. 카페에 폐 끼치고 싶지 않아요."

라후드는 기쁜 마음을 애써 감추며 돌아섰다. 뚜벅, 뚜벅, 뚜벅. 몇 걸음만 더 가면 외계인 추적자 본부와 영영 안녕이다.

라후드의 완벽한 계획은 완전히 실패했다.

이상한 일은 계속되었다. 시간이 갈수록 손님이 점점 늘어났다. 누군가 인터넷에 올린 사진 때문에 보스 카페가 '엽기 디저트 카페'로 유명해진 탓이었다.

지구인들은 라후드의 디저트가 끔찍하다면서도 사진을 찍고, 인터넷에 올려 자랑했다. 이해할 수 없는 지구인들을 보며 라후드는 절망에 빠졌다.

보스는 희망에 부풀었다. 손님이 바글바글 많아질수록 외계인이 찾아올 가능성이 높아지니까.

하지만 아무리 기다려도 카페 문에 단단히 설치한 외계 방사선 탐지 장치는 한 번도 울리지 않았다. 기다리다 지친 보스는 화를 냈다.

"윤박, 외계인 탐지 장치 확실해? 고장 난 거 아니야?"

"아닙니다. 외계인이 아직 안 온 거예요. 오기만 하면 삐삐 경고음이……."

외계 방사선 탐지 장치를 울린 인물은 정 박사였다. 사실은 정 박사의 뒤를 쫓아오던 토토였지만 지구인들은 여간해서는 개를 의심하지 않는다. 검은 양복과 윤박도 달아나는 토토는 신경 쓰지 않고, 정 박사만 의심했다.

"당신, 전에도 수상하다 싶었는데. 역시 외계인이군."

"설마설마했는데 진짜였어."

라후드도 얼른 추적자들에게 합세했다. 정 박사에게 외계인 누명을 씌우면 아우린은 안전하니까.

"루이 말이 맞았다. 정 박사가 외계인이다."

하지만 보스는 정 박사를 의심하지 않는다. 절대로.

"감히 우리 정쌤께 외계인이라니! 어서 저 엉터리 기계나 수리해!"

보스는 정 박사에게 보스 카페의 가장 특이한 디저트들을 대접했다. 정 박사는 매우 흥미로운 표정으로 하나하나 맛을 보았다. 사진을 찍지도 않고, 인터넷에 올리지도 않고, 구역질을 하거나 몸서리를 치지도 않았다. 역시나 다른 지구인들과는 확실히 달랐다.

"보스는 늘 새로운 모험을 시도하고 있군요. 외계인이 당신을 선택할 만해요."

정 박사의 칭찬에 보스는 오랫동안 참았던 질문을 던졌다.

"정말 외계인을 다시 만날 수 있을까요?"

사실 보스는 다시는 외계인을 못 만날까 봐 불안했다. 외계인을 만나면 반드시 해야 할 일이 있기 때문이었다.

보스의 얼굴이 환해졌다.

라후드는 불안해서 얼굴이 노래졌다.

'정 박사는 너무 많은 것을 알고 있다. 안 되겠어. 정 박사에게 다시 한 번 외계인 누명을 씌워 보자.'

라후드는 비장의 디저트를 내놓았다.

# 지구인들의 감각은 서로 도움이 필요하다

 2019년 11월 5일    아우레 7385년 30월 12일    작성자: 라후드

**지구 사건 개요**

* 지구의 카페라는 곳에서 일하기로 함. 지구 음식 탐구를 열심히 하고 있기 때문에, 지구의 음식을 만들고 음식을 먹는 지구인들을 관찰할 수 있는 훌륭한 장소임. 그러나 이 카페는 외계인 추적자의 보스가 운영하는 곳이었음. 최악의 선택.
* 정 박사 역시 외계인 추적자의 보스를 감시하러 옴. 두 지구인은 매우 반가워했고, 심지어 보스는 정 박사의 말을 모두 믿는 눈치. 두 사람의 관계가 의심스러움.
* 정체를 들키지 않기 위해 보스 카페에 나가지 않을 방법을 찾아봤으나 실패. 차선책으로 보스에게 해고당할 방법을 연구했으나, 이것 역시 실패. 결국 임무를 수행하기로 하고, 지구인의 미각을 테스트해 봄. 하지만 지구인의 미각은 예상했던 것보다 훨씬 더 형편없었음. (그런데 왜 지구의 음식은 맛있지?)

## 지구인들은 눈과 코로도 맛을 본다

- 지구인들은 음식의 맛을 매우 중요하게 생각하며, 곳곳에 맛집 정보가 넘쳐난다. 나 역시 다양한 맛을 찾는 재미를 알게 됨. 물론 지구 탐구를 위한 임무 수행일 뿐임. 이 과정에서 음식의 맛을 보는 지구인들의 모습을 관찰해 보았음.
- 지구인들은 먼저 음식의 생김새를 통해 맛을 평가하고 냄새를 맡으며 맛을 예상함. 최종적으로 음식을 입에 넣고 씹어서 음식의 맛을 이해함. 이때 여러 가지 감각이 연합해서 맛을 해석하기 때문에, 같은 맛이라도 다르게 평가함.
- 예를 들어, 코를 막았을 때 지구인들은 사과와 양파를 구분하지 못함(이 상태로 음식을 삼킬 수는 없기 때문에, 음식을 삼키기 전까지만 모름). 화이트와인에 붉은색 색소를 첨가하면 시각이 교란되어 화이트와인과 레드와인을 구분하지 못하고, 해산물을 먹을 때 파도 소리를 들으면 청각이 교란되어 해산물을 더 짜다고 느끼기도 함.

## 지구인들은 단맛을 좋아하고 쓴맛을 싫어한다

- 지구인들이 음식에서 느끼는 맛은 단맛, 신맛, 짠맛, 쓴맛, 감칠맛이라고 함. 혀에 있는 미뢰의 미각 수용기가 화학 분자들에 반응해서 맛을 느끼는 것임. 서로 다른 맛에 반응하는 수용기가 혀 전체에 퍼져 있기 때문에, 지구인들은 맛에 민감함.
- 지구인들은 일반적으로 에너지원으로 사용되는 과당이 있는 단맛을 좋아하고 쓴맛은 싫어함. 독성이 있을 때 쓴맛이 나는 경우가 많아서, 생존을 위해 그렇게 진화한 것으로 추정됨.
- 지구인들은 사실 태아일 때부터 단맛을 좋아함. 산모가 단 음식을 먹어 양수에 단맛이 많을 때는 양수를 먹는 속도가 평소보다 두 배 정도 많은데, 이것은 단맛을 구성하는 포도당이 뇌를 발달시키기 때문. 태아 때부터 단맛을 좋아하도록 길들여진 셈. (뇌를 발달시키기 위한 지구인들의 노력이 눈물겨움.)
- 지구인들이 음식 맛을 표현할 때 쓰는 매운맛은 미뢰가 느끼는 맛이 아니라, 입안 전체에서 느끼는 아픈 감각임. 지구인 중에는 매운맛을 좋아하고, 누가 더 매운 음식을 잘 먹는지 경쟁하는 사람들도 있음. 지구인들이 즐겨 먹는 매운맛 치킨으로 지구의 매운맛에 도전해 보았으나 실패. 지구의 매운맛은 정말 아픔.

## 지구인들의 미각 작동 원리

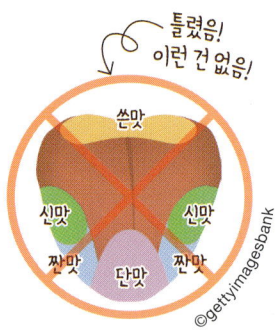

- 한때 지구인들은 혀에서 각각의 맛을 느끼는 부위가 따로 있다고 주장했다. 단맛은 혀끝, 쓴맛은 혀 가장 안쪽, 짠맛과 신맛은 혀 양쪽 가장자리에서 느낀다는 식. 학교에서도 혀의 맛 지도라고 하며 학생들에게 외우도록 가르친 적이 있었으나, 현재는 이것이 모두 엉터리라는 것이 밝혀짐. 지구의 성인 중에는 여전히 맛 지도를 외워 자랑스럽게 말하는 이들이 있음.

- 지구인들이 맛을 느낄 수 있는 것은 혀의 윗부분과 옆 부분에 나 있는 작은 돌기들마다 미뢰가 붙어 있고, 이곳의 미각 수용기가 화학 분자들에 반응해서 뇌로 맛 정보를 전달하기 때문. 미각 수용기가 모여 있는 정도가 다르고 수용기마다 반응하는 맛 분자가 다르긴 하지만, 미뢰가 혀 전체에 퍼져 있어서 지구인은 혀의 아주 적은 부분에만 맛이 전달되어도 맛을 알 수 있음.

- 그러나 지구인은 음식에서 풍기는 냄새, 혀의 미뢰가 보내는 화학 신호, 음식을 씹을 때 혀가 보내는 자극뿐만 아니라 시각적인 판단, 냄새와 음식에 대한 기억, 문화적인 배경 등을 합하여 맛을 느끼기 때문에, 같은 음식도 상황에 따라 맛을 다르게 인식함. 지구인들은 기억도 감정도 감각도 어느 것 하나 따로 떼어 작동하지 않음.

## 3

# 생각한 대로,
# 말하는 대로

### 섣부른 착각이 지구인에게 미치는 영향

라후드는 잠시 망설였다. 하지만 '전송' 버튼을 누를 수밖에 없었다. 임무 완수보다 중요한 것은 라후드의 목숨이니까. 아우레 탐사대의 가장 중요한 수칙도 탐사대원의 안전이 아닌가!

라후드의 비상 통신이 머나먼 아우레로 날아가던 날, 태양계에서는 엄청난 일이 일어났다. 11년 만에 태양의 흑점이 최대로 폭발한 것이다. 강렬한 태양풍이 발생해 인공위성이 고장 나고, 통신이 마비되고, 전기가 끊겼다. 라후드의 긴급한 통신 전파도 태양풍에 휩쓸려 어디론가 사라져 버렸다.

라후드는 새벽같이 임시 본부를 나왔다. 외계인 추적자들을 피해야 한다. 보스 카페에서 도망쳐야 한다. 하지만 어디로? 두리번거리는 라후드 앞에 작은 자동차가 섰다.

"라후드 씨, 새벽부터 어디 가요?"

"루이는 어디 가?"

"전 오늘 아르바이트하러 멀리 가요."

"나도 멀리 가고 싶다."

"저랑 같이 가실래요? 시골 농장에 일하러 가는데, 힘이 센 일꾼은 언제라도 환영이래요."

라후드는 냉큼 차에 올라탔다. 더 먼 아우레 행성으로 가고 싶지만 안 된다면 시골이라도.

라후드는 창밖의 풍경에 쏙 빠졌다. 저 넓은 들은 외계문명탐구클럽의 본부를 만들기 딱 좋은 공간이다. 비와 번개를 막을 보호막만 씌우면! 저 호수의 한가운데에 인공 섬을 만들고 아우레 본부를 세워도 좋겠다. 산꼭대기에는 아우레 연구소를 짓고 다른 별과 교류하는 거야!

지구는 정말 아우린에게 잘 어울리는 행성이었다.

라후드와 루이가 도착한 곳은 비닐로 만든 어설픈 보호막에 식물들을 키우는 대형 농장이었다. 라후드는 비닐 보호막의 안전이 궁금해서 슬쩍 들어가 보았다.

"너무 덥다. 나는 저기서 일 못 한다."

비닐 보호막 안의 대기 온도는 지구인 슈트를 입은 라후드가 감당하기에 너무 높았다.

"걱정 말아요. 라후드 씨는 서늘한 냉동 창고를 청소할 테니까요."

주인아저씨가 껄껄 웃었다. 눈꼬리는 내려가고 입꼬리는 올라간 것을 보니 진심이었다.

루이와 라후드는 거대한 냉동 창고로 들어갔다. 벽은 매끈하고, 공기는 서늘했다. 하지만 꽁꽁 얼 정도는 아니었다.

주인아저씨는 라후드와 루이에게 각각 일을 맡겼다.

"라후드 씨는 이 상자들을 밖으로 옮기시고요, 루이 씨는 안쪽부터 바닥과 벽, 천장을 깨끗하게 닦으시면 돼요."

"빨리 끝내면 빨리 가도 되죠?"

루이는 이어폰을 끼고 신나는 음악을 틀었다. 세상의 온갖 아르바이트를 다 경험했다는 루이답게 착착 잘 해냈다.

주인아저씨가 슬리퍼로 냉동 창고 문을 괴며 껄껄 웃었다.

지구인들은 평균 수명이 짧아서 죽음과 병을 매우 두려워한다. 그런데도 종종 죽음에 대한 농담을 한다. 라후드는 도저히 이해할 수 없었다.

라후드와 루이는 한마디도 하지 않고 열심히 일했다. 힘들게 몸을 움직이자 서늘한 냉동 창고 안에서도 땀이 났다.

'이 냉동 창고는 작동하지 않는다. 영하의 기온이 아니다.'

라후드는 지구인 슈트를 벗고 싶은 마음을 꾹 참으며 상자를 날랐다. 갈수록 덥고 답답해져서 힘이 빠졌다.

"여기가 보스 카페보다 더 나은지 모르겠다."

라후드는 냉동 창고의 문에 기대어 잠시 쉬었다.

"아이고, 힘들어. 아이고, 목말라."

한참을 일에 열중한 루이가 빈 물통을 들고 일어섰다. 시원한 얼음물을 떠 와야지, 생각하며 냉동 창고의 문손잡이를 돌려 밀었다. 문은 꿈쩍도 하지 않았다.

"당기는 건가?"

루이는 문을 안으로 당겼다. 여전히 꿈쩍도 안 했다.

"그래. 119에 전화하자, 119. 근데 119가 몇 번이지?"

루이는 발을 동동 굴렀다. 겨우 119 전화번호가 119라는 사실을 생각해 냈지만, 냉동 창고 안은 전화가 불통이었다.

"살려 줘요. 살려 주세요."

루이는 주먹으로 문을 두드리고, 신발을 벗어 문을 두드리고, 소리를 쳤다. 하지만 아무런 대답도 없었다.

"으흐흑, 다 틀렸어."

영하 19도에서 몇 시간이나 살 수 있을까? 루이는 냉동 창고 벽에 등을 기대고 앉아 와들와들 떨었다.

"많이 놀지도 못하고, 아르바이트만 하다 죽는구나."

갑자기 울음이 터져 나왔다. 한참을 울다 보니 호흡이 가빠지고, 팔다리가 떨렸다. 머리가 어질어질하면서 잠도 쏟아졌다. 춥고, 어지럽고, 눈이 감겼다……

"안 돼. 자면 안 돼. 잠들면 죽는 거야. 일어나……."

정신이 아득해지며 꿈결처럼 지난 인생이 스르르 지나갔다. 놀이공원에서 엄마를 잃고 헤매던 날, 대학 합격 소식을 듣고 좋아서 방방 뛰다 다리가 부러진 날, 사고로 부모님을 한꺼번에 잃은 날, 기대했던 입사 면접에 떨어져 엉엉 운 날, 집에 불이 나서 대호랑 급하게 대피한 날, 대호가 다쳐서 수술한 날…….

늦은 저녁, 지쳐 돌아온 라후드는 귀환 우주선을 기대했다. 그러나 라후드를 기다리는 건 잔뜩 화가 난 탐사대원들이었다.

"오늘 왜 보스 카페에 안 갔나?"

"외계인 추적자들이 몇 번이나 들이닥쳤다."

"라후드 때문에 정체를 들킬 뻔했다."

대원들은 라후드가 돌아오자 다다다 불만을 쏟아냈다.

바로 그 순간 밖에서 다급한 목소리가 들렸다. 검은 양복이었다.

"라후드 씨, 라후드 씨, 계세요?"

라후드는 무거운 발걸음을 질질 끌고 밖으로 나갔다. 라후드를 보고 윤박은 너무 기뻐서 박수를 쳤다. 검은 양복은 덥석 라후드의 손을 잡았다.

"라후드 씨, 내일은 꼭 카페에 나오세요. 보스한테 우리가 얼마나 혼났다고요."

# 지구인들은 호들갑쟁이다

🌏 2019년 11월 7일    🪂 아우레 7385년 30월 22일    작성자: 라후드

**지구 사건 개요**

* 편의점 루이와 함께 지구의 시골에 방문함. 지구의 시골은 도시에 비해 공기가 깨끗한 편. 그래서 각종 농작물들을 시골에서 키우는 것으로 보임. 그렇다면 생명체가 살기에도 더 적합한 장소일 것 같았으나, 이상하게 도시보다 지구인이 적었음. 아마 편의점이 없어서 그런 것으로 판단됨.
* 오늘 루이는 지구인의 놀라운 능력을 보여 주었음. 지구인이 사망할 만한 조건이 아니었음에도 불구하고, 죽을 수 있는 조건이라고 인지하여 생명을 위태롭게 만듦. 지구인을 공격할 수 있는 방법은 아우레의 무기뿐만이 아님. 생각을 조종하는 방법도 있음. 지구에서 떠나야 한다는 생각을 계속하게 만들면, 정말 지구를 떠날지도 모름.
* 외계인 추적자들은 오늘 하루 본부를 총 4번 방문하고 47번 노크함. 끈질긴 지구인들을 피해 본부를 시골로 옮기는 게 어떨지 대원들과 논의하려 함. 어떻게든 보스를 벗어나야 함.

카페 가기 싫다.

## 아주아주 예민한 지구인들

- 지구인들은 체온이 거의 일정함. 신생아들은 37.5~37.7℃, 초등학생부터 성인은 36.5~37℃, 65세 이상의 노인은 36~36.5℃. 어릴수록 기본 체온이 조금 높다고는 하지만, 그 차이는 2℃를 벗어나지 않음. 그래서 지구인들은 체온이 조금만 높아지거나 낮아져도 심각하게 받아들임.
- 고열은 여러 가지 병의 증상 중 하나. 특히 3세 미만의 어린 지구인들은 고열 증상이 바이러스 감염으로 인한 심각한 질병 때문일 수 있음. 고열을 동반한 질병을 초기에 잡지 못하면 생명을 잃거나 평생 후유증이 남기도 함. 성인 역시 평소보다 1~2℃만 높아져도 각종 염증, 바이러스 감염, 내분비계 질환 등 다양한 병을 의심함.

### 고열에 시달리는 지구인은 무조건 피하라

만약 근처에 있는 지구인의 열이 높다면 당장 그 자리를 벗어나라. 지구에서 1900년대 유행한 스페인 독감이라는 질병으로 인한 사망자는 약 5,000만 명. 이 독감의 증상 중 특징적인 것이 바로 고열이었다. 현재도 열이 펄펄 끓는 지구인이 어떤 바이러스를 옮길지는 미지수다.

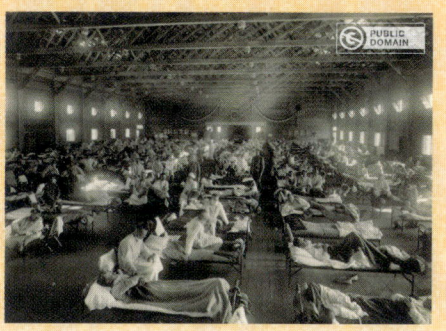

- 반대로 체온이 2~3℃만 낮아져도 저체온증이라고 난리가 남. 33~35℃까지 내려가면 피부의 털이 쭈뼛 솟으며 추워 죽겠다 하고 자꾸 잠을 자려 함. 29~32℃까지 내려가면 혼수상태에 빠짐. 위로든 아래로든 고작 1~3℃만 체온이 벗어나도 호들갑을 떠는 매우 예민한 생명체.

- 지구인의 몸은 매우 정교한 호르몬 같은 화학 물질이 신체 대사를 조절하는데, 이 화학 물질은 반응을 일으키는 온도가 정해져 있음. 정해진 온도에서 조금만 벗어나도 제대로 작동하지 않음. 지구인이 온도에 예민하게 반응하는 건, 지구인의 몸이 아주 정교하게 돌아가는 화학 기계이기 때문.

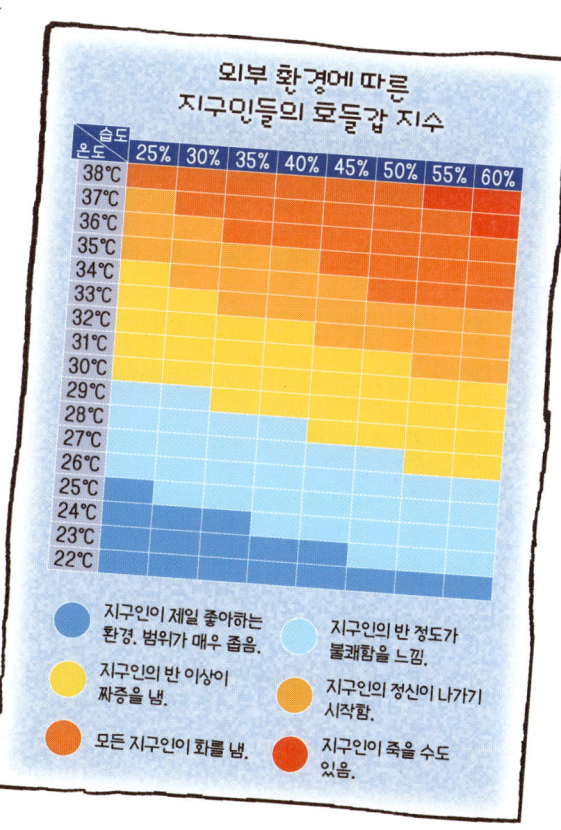

## 걱정으로 죽을 수도 있는 지구인들

- 오늘 루이는 걱정 때문에 죽을 뻔함. 냉동 창고가 분명히 꺼져 있었지만 얼어 죽을 거라는 걱정과 공포가 실제로 부정적인 감각을 일으킨 것.
- 온도에 이렇게 예민하기 때문에 지구인들은 사실 스스로 체온을 조절할 수 있는 능력을 가지고 있음. 피부에서 감각한 온도 관련 정보를 바탕으로 뇌의 시상하부가 여러 가지 명령을 내림. 더우면 땀을 흘려 열을 방출하고, 추우면 근육을 떨어 열을 발생시키고 혈관을 수축하여 열 손실을 막음.

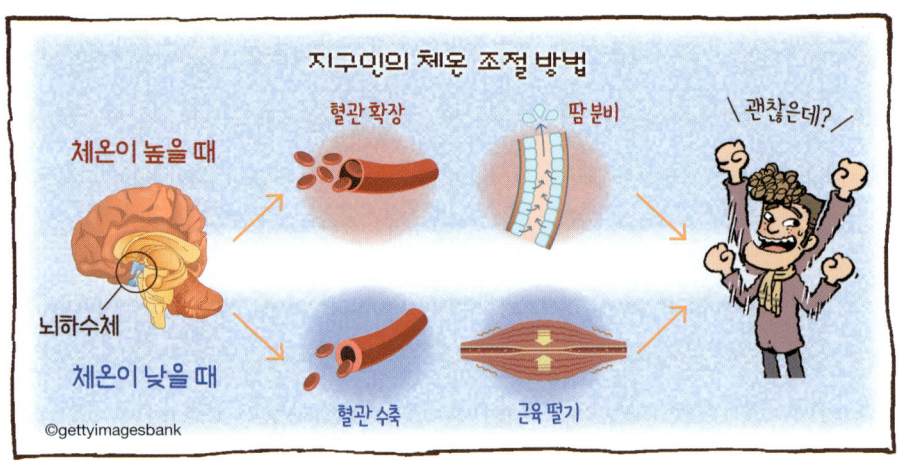

- 하지만 지구인들의 부정적인 생각은 뇌에 작용해 문제를 일으킴. 루이가 열심히 일하는 동안 몸의 열이 오르자 루이의 뇌는 땀을 흘리게 해서 루이의 체온을 조절함. 그러나 루이가 걱정을 시작하는 순간 제대로 반응하지 못함.
- 지구인들에게 걱정이나 불신은 매우 부정적인 결과를 만듦. 이것을 심리학자들은 '노시보 효과'라고 하는데, 걱정 때문에 실제로 몸이 아프거나, 약을 먹으면서도 약효를 의심하면 병이 낫지 않는 현상임. 예를 들어, 가스 중독으로 두통과 호흡 곤란을 호소하는 지구인 옆에 있는 지구인들은 같은 증상을 겪기도 함. 실제로 가스 누출은 없는 상황이었음. 존재하지도 않은 냄새 때문에 응급실에 실려 가는 멍청한 지구인들임.

# 4

# 줍줍과 깜장이의 연결 고리

### 슬픈 지구인을 위로하는 이상한 방법

　줌줌할매의 소꿉친구 장순덕 여사가 죽었다. 친구의 장례식에서 줌줌은 어린애처럼 엉엉 울었다. 너무나 슬프고, 허망하고, 두려웠다.

　인간은 누구나 죽는다. 언젠가는. 나이를 먹을수록 죽음에 더 가까이 가는 거라고 줌줌은 늘 생각했다.

　"너무 오래 살면 세상에 민폐야."

　입버릇처럼 말하기도 했다. 하지만 소꿉친구의 죽음을 겪고 나니 다음 차례는 바로 자신인 것 같아 덜컥 겁이 났다. 온몸에서 힘이 쭉 빠졌다.

　줍줍할매는 슬픔을 이기지 못하고 결국 앓아누웠다.

　위니 원장은 줍줍 걱정에 일이 손에 잡히지 않았다. 미용실에 있는 내내 오로라를 붙잡고 걱정을 늘어놓았다.

　"우리 줍줍 여사가 순덕 이모 일로 너무 슬퍼서 맥을 못 춰요. 마음이 아파서 몸도 아픈가 봐. 왜, 다들 그렇잖아요."

　오로라는 전혀 그렇지 않았다. 아우린은 뛰어난 이성으로 감정과 신체 건강을 잘 조절했다.

　"저는 아닙니다. 감정을 제어 못 하고 신체 건강을 해치다니, 매우 비효율적인 몸이군요."

　"제어? 비효율? 사람이 무슨 보일러 기계야? 하여튼 오로라는 너~무 인간미가 없어요."

지구인은 비합리적이고 비효율적인 특성을 드러낼 때마다 '인간적'이라거나 '인간미' 같은 표현을 썼다. 오로라는 지구인의 평균 수명이 짧은 이유를 한 가지 더 찾았다. 마음이 아프면 몸까지 아파지는 '인간미' 때문이다.

실제로 줍줍은 정말 병이 나고 말았다. 어느 날 침대에서 일어나다 그만 힘이 빠져 주저앉아 버렸다. 놀란 위니 원장과 금 사장은 얼른 줍줍할매와 함께 병원으로 달려갔다.

줍줍은 기운을 조금 차렸다. 가족들의 관심과 병원에서 신체 상태가 '정상'이라고 증명을 해 준 덕분이었다.

"그나저나 고양이들은 잘 있나? 뭐라도 먹고 있는지……."

며칠을 병원에서 지내다 보니 녀석들의 밥을 못 챙겨 줬다. 어린 새끼들이 굶고 있지 않는지, 늙은 고양이가 아프지나 않은지 걱정이 된 줍줍할매는 물과 고양이 사료를 챙겨서 집을 나섰다.

"할머니가 아플까 봐 더 걱정이거든요!"

써니가 잔소리를 하며 쫓아 나왔다.

줍줍은 새끼 고양이들이 자주 노는 공원으로 향했다. 줍줍의 냄새를 맡았는지, 사료 비닐이 부스럭거리는 소리를 들었는지 고양이 두 마리가 빼꼼 고개를 내밀었다. 둘 다 통통하고 털도 번지르르했다.

"아이고, 잘 있었네. 그새 더 컸어. 이젠 걱정 안 해도 되겠어."

줍줍은 새끼 고양이들에게 물과 사료를 챙겨 주며 두리번거렸다. 써니도 주위를 둘러보며 물었다.

"할머니, 깜장이 찾아? 좀 늙고 귓가에 털 다 빠진 애?"

"그래, 그 녀석 말이야. 근데 안 보이네. 이 근처를 벗어난 적이 없는데……."

줍줍과 써니는 깜장이가 있을 만한 곳을 찾아다녔다.

"설마 죽었나? 그 며칠 새?"

줍줍은 다리에 힘이 탁 풀렸다. 써니가 얼른 부축했기에 망정이지 하마터면 그 자리에서 쓰러질 뻔했다.

우연히 지나가던 바바가 줍줍과 써니를 보았다. 당연히 바바는 그냥 지나치려 했다. 아우린은 다른 생명체의 일에 관심이 없으니…….

하지만 써니는 그 순간을 놓치지 않았다.

"바바 할아버지, 좀 도와주세요."

할머니를 부축한 이웃집 초등학생이 지나가는 이웃집 할아버지를 부를 때 못 들은 척한다면, 지구에서는 외계인이냐는 소리를 들을 수 있다. 일단 아는 척을 해 주어야 한다.

"무슨 일이냐?"

바바는 하는 수 없이 주저앉아 버린 줍줍을 업었다.

줍줍은 또 앓아누웠다. 이번에는 더 심각했다. 걷지도 못하고 먹지도 못했다.

"다 죽네, 다 죽어. 그 녀석도 죽고, 나도 곧 죽고……."

줍줍할매는 삶에 대한 의욕을 잃어버렸다. 식구들 모두 줍줍의 건강을 걱정했지만 뾰족한 수가 없었다.

"이게 다 깜장이 때문이야."

써니는 발딱 일어났다. 할머니는 깜장이가 죽었다고 생각해 병이 났다. 깜장이가 살아 있다는 걸 알면 기운을 차릴 거다.

"할머니, 깜장이는 살아 있을 거예요. 내가 찾아올게. 그럼 할머니도 건강해져야 해요."

써니는 큰소리를 땅땅 치고 뛰쳐나갔다.

써니는 아싸에게 달려갔다. 외계인 같은 아싸가 같이 찾아 줄 것 같지는 않았지만, 혼자보다는 둘이 찾는 게 낫지. 게다가 천재처럼 뛰어난 아싸의 추리력이 도움이 될지도 몰랐다.

"아싸, 나랑 고양이 찾으러 가자."

"싫다."

아싸는 당연히 거절했다. 지구인 탐구도 임무 때문에 억지로 하는데, 임무에도 없는 지구 동물 탐구는 관심 없었다.

아싸는 어이가 없었다. 줍줍의 생명과 아싸는 아무 관계가 없다. 그런데도 써니는 막무가내로 우겼다. 아싸는 이성으로 써니를 설득하는 걸 포기하고 그냥 따라나섰다.

써니와 아싸는 오후 내내 동네를 들쑤시고 다녔다. 고양이들이 자주 보이던 푸르메 공원, 빌라 주차장, 치킨집, 좀 떨어진 호수 공원까지도 몇 번이나 둘러보았다. 하지만 깜장이는 꼬리도 보이지 않았다.

덜컥 겁이 난 써니는 울먹이며 위니 미용실로 달려갔다.

"엄마, 깜장이가 없어. 못 찾겠어. 우리 할머니 죽으면 어떡해. 깜장이 죽으면 할머니도 죽는대."

"그게 무슨 엉터리 같은 소리야?"

위니 원장은 이성적인 판단을 했다.

"몰라, 몰라. 할머니가 그랬어."

"그래? 그럼 꼭 찾아야지. 공원이랑 치킨집도 가 봤어?"

오로라의 착각이었다. 위니 원장의 이성도 써니와 같은 수준이었다. 줌줌과 길고양이의 생명이 관련이 있다고 믿었다.

"없어. 아무 데도 없어. 어떡해."

써니는 발을 동동 굴렸다.

그 바람에 미용실 바닥에 단 한 가닥의 머리카락도 굴러다니지 않게 하려는 오로라의 청소를 방해했다.

써니를 미용실에서 제거하려면 검은 고양이에 관한 정보를 넘겨야 한다.

써니는 한달음에 루비 문구로 달려갔다. 조금만 늦어도 곧 할머니의 까만 고양이가 다른 곳으로 가 버릴 것 같았다. 다행히 오늘도 고양이는 오로라가 말한 지점에 있었다. 주차장 아저씨가 주는 밥을 잘 먹고 살도 토실토실하게 올라서.

 써니는 고양이와 함께 사진을 찍어서 얼른 할머니와 엄마에게 보내 주었다. 한시라도 빨리 할머니가 기운을 차리실 수 있게.

줍줍은 위니 원장이 사다 놓은 잣죽 한 그릇을 싹싹 비우고 깜장이를 만나러 갔다.

줍줍의 걱정과 달리 고양이는 안전하고 호화롭게 지내고 있었다. 밥그릇에는 사료가 그득했고, 물그릇도 깨끗했다. 지붕이 있는 집과 포근한 방석이 깔린 집까지 집도 두 채나 있었다.

"아이고, 녀석! 집도 있고, 밥도 고급이고, 좋겠네."

줍줍할매는 마음이 놓였다. 늙은 길고양이도 마음이 편한지 그늘에 벌렁 드러누웠다.

"그래, 산 사람은 살아야지. 사는 동안은 즐겁게 잘 살아야지. 그렇지?"

깜장이가 긴 꼬리를 살래살래 흔들며 대답했다. 줍줍할매는 다리에 힘을 팍 주고 씩씩하게 걸었다.

친구의 죽음에 충격을 받아 아프다더니, 줍줍은 매우 건강해 보였다. 늙은 고양이를 찾은 기쁨에 건강해졌단다.

'감정이 신체의 고통을 일으킬 수도 있지만 덜 수도 있다면, 의학 기술이 발달하지 못한 지구인의 평균 수명 연장에 도움이 되겠다.'

오로라는 지구인의 비효율적인 몸과 마음의 시스템을 조금 이해했다.

**보고서 29**

# 지구인들은 모든 걸 마음 탓으로 돌린다

🌍 2019년 11월 8일   🪂 아우레 7385년 30월 27일   작성자: 오로라

**지구 사건 개요**

* 지구인들의 몸은 마음의 영향을 받음. 친구가 병이 나거나 죽으면 자신의 몸도 아프고, 아프다고 생각하는 순간 정말 병이 나 버림. 이렇게 생긴 병은 원인을 해소해 주면 금세 완치됨. 신체의 건강을 조절하는 데 매우 특이한 방법을 사용함.
* 지구에도 의사가 있음. 의사는 여러 가지 방법으로 검사를 해서 병의 원인을 찾아 줌. 병의 원인이 불분명할수록 검사의 가짓수가 많아지기도 함. 병원에서 치료해 줄 수 있는 병도 있지만, 그렇지 않은 경우도 있음.
* 지구인 마음의 병은 주변 지구인의 도움으로 치료가 되기도 함. 가족들의 보살핌, 걱정하던 일의 해결, 건강하다는 의사의 의견 등은 마음의 병을 낫게 해 주는 방법임. 지구인들은 이러한 사실을 잘 알기 때문에, 병이 난 줍줍이 걱정하는 길고양이를 찾아 온 동네를 헤매기도 함.

## 원인과 결과를 제대로 파악하지 못하는 지구인들

- 써니는 할머니가 아픈 이유를 사라진 길고양이에서 찾으려 함. 병원에서 줍줍의 건강을 양호하다고 판단해 주었음에도 줍줍의 병이 낫지 않자, 동네를 빙빙 돌며 고양이를 찾으러 다님. 만약 아우레에서 이렇게 행동했다면 웃음거리가 되었을 것임.
- 이는 지구인들이 과학적으로 설명할 수 없는 것들을 마음의 문제로 돌리려고 하기 때문임. 지구의 의사들도 뚜렷한 병의 원인을 찾지 못하면 마음의 병이라고 둘러댐.
- 실제로 지구인들은 마음이 아프면 몸도 아파짐. 지구인의 뇌에서 신체적 통증을 느끼는 부위와 정신적 통증을 느끼는 부위가 매우 가깝기 때문. 써니가 학원 가기 싫을 때 자꾸 배가 아프다고 하는 것도 이 때문인 것으로 추측됨. 필요할 땐 꾀병을 매우 실감 나게 연기할 수 있는 구조임.

- 지구인에게 마음의 영향력은 엄청나게 큼. 불완전한 감각을 만드는 주요한 원인. 지구인들은 방망이를 휘둘러 공을 치고, 친 공을 받기 위해 달리는 야구라는 스포츠를 즐기는데, 어느 야구 선수는 컨디션이 좋은 날에는 야구공이 수박만 하게 커 보인다고 말함. 슬럼프에 빠졌을 때는 공이 알약처럼 조그맣게 보였다는 선수도 있음. 감정 상태에 따라 공의 크기가 달리 보인 것.(지구의 야구공은 둘레 22.9~23.5cm로 동일함. 이보다 크거나 작으면 반칙임.)

## 지구인들은 다른 지구인을 감각하려고 한다

- 지구에서는 가족 한 명이 아프면 온 가족이 난리가 남. 아픈 사람이 쉴 수 있는 여유를 주지 않고, 오히려 계속 귀찮게 하는 것. 정말 몸이 아파서 병원에 입원해 있는 사람에게도 마찬가지. 지구에는 병문안이라는 문화가 있는데, 아픈 사람을 찾아가 얼마나 아픈지 묻고, 앞으로 얼마나 더 아플 것인지 묻고, 자기가 알고 있는 비슷한 경험들을 공유해서 더 두렵게 만듦. 도대체 왜 이러는 건지 이해가 안 됨.
- 지구인들은 좋아하는 사람의 얼굴을 보고, 목소리를 듣고, 껴안아서 감촉을 느끼는 과정에서 회복에 도움을 받는다고 함. 써니네 가족의 불필요해 보이는 행동은 줍줍이 자신의 주변에 항상 가족들이 있다는 것을 느끼도록 하려는 행동이었음.

### 지구 생명체들의 대단한 접촉 욕구

다른 생물체를 감각하는 것은 지구 동물들의 공통적인 특성이다. 원숭이도 마찬가지. 새끼 원숭이와 함께한 실험에서, 새끼 원숭이는 딱딱한 철사로 만들어진 존재보다 따뜻한 담요를 두른 존재에게 가서 안겼다. 철사로 만들어진 존재가 먹이를 가지고 있어도 마찬가지. 이렇게 생물학적 욕구보다 따뜻한 품을 찾는 것을 '접촉 위안'이라고 부른다.

따뜻한 엄마가 좋아....

## 뇌가 말랑해지는 시간 1

# 지구인이라면 발견하지 못할걸?
# 미세한 차이까지 감지하라!

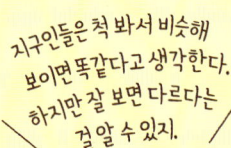

지구인들은 척 봐서 비슷해 보이면 똑같다고 생각한다. 하지만 잘 보면 다르다는 걸 알 수 있지.

다른 그림은 모두 다섯 개다옹~.

## 5

# 완벽한 착각의 기쁨

돈과 시간을 들여 착각을 사는 지구인들

줍줍이 초등학교 1학년 때, 학교에서 마술 공연이 열렸다. 마술사는 기다란 검은 망토를 입고, 높다란 검은 모자를 쓰고, 반들반들한 검은 지팡이를 들고 나타났다.

"꼭 저승사자같이 생겼네."

어린 줍줍은 어쩐지 겁이 나서 눈을 반쯤 가렸다. 하지만 마술사의 검은 모자에서 토끼가 튀어나오고, 비둘기가 날아오르자 눈이 똥그래졌다. 다음번엔 뭐가 나올까? 줍줍은 넋을 쏙 빼고 마술사를 쳐다보았다. 갑자기 마술사가 물었다.

"혹시 돈 있는 사람?"

"저요."

줍줍이 번쩍 손을 들었다. 마침 학교에 회비를 내는 날이었다. 줍줍은 주머니에서 동전을 몽땅 꺼내 보였다.

"좋아요. 잠깐 빌릴게요."

그게 어떤 돈인데, 마술사에게 줘 버린 줄 알면 엄마한테 얼마나 혼날까! 줍줍은 그만 울음을 터뜨렸다.

"엉엉엉, 내 돈, 내 돈……."

"괜찮아, 울지 마. 내가 다른 거 줄게. 네 주머니를 좀 봐."

당황한 마술사는 서둘러 마술을 진행했다. 줍줍은 울면서 주머니를 뒤졌다. 계란이 한 알 나왔다.

"어? 계란이 왜 여기 있지? 아저씨가 넣었어요?"

마술사는 고개를 끄덕였다. 줍줍은 계란을 손에 꼭 쥐었다. 하지만 계란으로는 회비를 낼 수 없었다.

"돈은요?"

"일단 계란부터 먹어 보렴."

가만 들고 있다가 계란까지 뺏기면 안 되지. 줍줍은 계란을 톡톡 깨뜨렸다.

"계란만 보면 그 동전 마술이 생각나. 정말 신기했어."

줍줍은 계란을 톡톡톡 깨뜨리며 웃었다. 순간 금 사장은 줍줍 할매의 건강을 챙길 더 좋은 방법이 떠올랐다. 몸이 즐거우면 마음도 건강해지는 법이니까…….

"어머님, 마술 공연 보러 가실래요? 제가 표 사 드릴게요."

"아이고, 안 그래도 되는데. 그래 주면 고맙긴 하지."

활짝 웃는 줍줍을 보고 써니가 물었다.

"근데 할머니, 누구랑 같이 갈 거예요?"

순간 줍줍의 표정이 어두워졌다. 구경거리는 늘 순덕이랑 같이 보러 다녔다. 옛날에 본 마술 공연도 순덕이랑 같이 보았다. 갑자기 먼저 가 버린 순덕이랑…….

줍줍은 정말로 같이 갈 친구가 없었다. 금 여사는 무릎 관절 수술을 받고 누워 있었고, 홍 여사는 목욕탕에서 넘어진 뒤 꼼짝도 못 했다. 평소 기운이 넘치던 진 여사마저 독감으로 끙끙 앓고 있었다.

줍줍을 즐겁게 하려다 오히려 우울하게 만들어 버린 가족들은 서로 눈치만 보았다.

"어디 다른 친구분 없나?"

고민하던 금 사장의 눈에 바바가 딱 들어왔다.

"맞다. 바바 할아버지랑 같이 가시면 되겠네요."

"아유, 그럼 그럴까? 아싸 할아버님도 마술 쇼 구경하는 거 좋아하세요?"

줍줍이 흐뭇한 미소를 지으며 바바를 바라보았다.

바바는 지구의 과학 기술이 아우린의 이주에 미칠 영향만 탐구했다. 라후드처럼 지구 문화 탐구는 하지 않아서 마술이 뭔지 몰랐고, 알고 싶지도 않았다.

바바는 줍줍의 마음도 모르고 속을 긁었다. 하지만 금 사장의 눈에는 다 보였다. 줍줍은 바바와 공연을 보고 싶은 거다!
'할아버지를 설득하고 말 테다. 어머님의 건강을 위해!'
그날부터 금 사장은 바바를 졸졸 따라다니기 시작했다.

바바는 아우린의 안전을 위해 어쩔 수 없이 마술 쇼를 보러 갔다. 마술사는 눈의 착각을 이용해 관객들을 속이는 공연을 했다. 관객들은 속는 줄도 모르고 감탄하고 박수를 쳤다. 바바는 마술사보다 착시를 알아채지 못하는 관객들이 더 신기했다.

토끼는 처음부터 모자 주머니 안에 있었어요.

무대 조명이 번쩍거리며 공연의 하이라이트가 시작되었다. 사람의 몸을 둘로 나눈다는 신체 분리 마술이었다. 마술사는 커다란 상자에 사람을 넣고 과장된 몸짓으로 큰 칼을 휘둘렀다. 상자는 두 조각이 났다. 바바의 정확한 눈은 상자가 처음부터 둘로 갈라져 있다는 사실을 알아차렸다.

어린이 관객들이 다시 붙여 달라고 소리치자, 마술사는 방긋 웃으며 사람의 몸을 다시 붙였다. 정확히는 상자를 붙이고, 머리 쪽 사람을 꺼내 주었다.

 마술 쇼가 끝나고 돌아오는 길, 줍줍은 내내 마술 공연 이야기를 하고 또 했다.
 '아프다더니 기운이 펄펄 나는군. 완벽한 착각이 기분을 좋게 만들었나? 설마 지구인의 완벽하지 않은 감각이 생존에 유리하게 작용했을까? 그래서 지구인의 감각이 어설프게 발달했나?'
 별거 아닌 작은 착시도 알아차리지 못하는 지구인의 시각을 이용한 놀이가 지구인의 진화 과정에 영향을 미친 것인지, 바바의 관심을 끌었다.

# 보고서 30

# 지구인들은 매일 속는다

🌏 2019년 11월 13일  아우레 7385년 30월 52일   작성자: 바바

**지구 사건 개요**

* 어떤 지구인들은 동일한 집단에 소속되었을 때 똑같은 옷을 입음. 학교에서 입는 교복, 운동선수들이 입는 유니폼이 그러함. 찜질방이라는 곳에서도 모두 똑같은 옷을 입고 땀을 흘림. 지구의 간식을 먹기 위해 찜질방을 함께 가자고 한 라우드는 지구인 슈트 위에 찜질방 옷까지 입고 땀을 흘리느라 아주 괴로워했음.
* 줍줍과 함께 지구인들의 불완전한 감각을 이용하는 마술 쇼를 관찰함. 지구인들은 간단한 착시에 속아 착각하며 기뻐하고, 착각을 일으킨 마법사는 성공해서 기뻐함. 양쪽 다 지구인의 불완전한 감각을 진심으로 즐기는 것 같음.
* 이 과정에서 지구인들은 마술사가 만들어 내는 착각의 세계에 머물고 싶어 했음. 지구인들이 감각의 오류에서 헤어나고 싶어 하지 않았기 때문에 존중해 주었음.

## 지구인들은 착각하지 않는다고 착각한다

- 지구인이 쉽게 착시를 일으키는 이유를 알기 위해 지구인의 눈과 뇌를 분석함. 놀랍게도 지구인들이 보고 있는 모든 것은 착시. 생각보다 상태가 더 심각함.
- 지구인들은 이러한 착각을 매우 적극적으로 이용해 오히려 재미있는 놀이와 문화를 만들어 냄. 2차원으로밖에 인식할 수 없지만 더 적극적으로 착각을 만들어 3차원 영상을 만들고, 한 장씩 떨어진 이미지로밖에 볼 수 없지만 여기에 착각을 더해 영화나 애니메이션 같은 동영상을 만들어 냄. 지구인의 착각이 지구인의 일상에 재미와 감동을 만들고, 세상을 더 화려하게 볼 수 있게 하는 것.
- 더욱 놀라운 건 지구인들이 자기가 속고 있다는 걸 모른다는 사실. 그래서 굳이 착시 테스트 그림을 보여 주며, 지금 착시로 인해 너의 시각이 잘못 판단한 거라고 알려 줌. 그 순간에만 착시를 하는 것이 아닌데, 참 이상함.

## 지구인 집중력의 한계

- 지구인들은 마술사의 손을 살펴보면 마술의 속임수를 알 수 있을 거라고 생각함. 공연은 안 보고 손만 보는 관객도 있음. 마술사는 이 점을 이용해 일부러 오른손에서 동전이 사라질 것이라고 말한 뒤, 동전을 왼손에 숨김. 실수인 듯 공을 떨어트리기도 함. 관객들이 공을 보는 동안 토끼를 모자로 숨기는 방식임. 지구인들의 주의력 범위는 너무 좁아서 바로 눈앞에서 벌어지는 일도 신경 쓰지 못함.
- 그런데도 지구인들은 자신들이 한꺼번에 여러 가지 일을 할 수 있다고 생각함. 대부분의 지구인들은 손에서 휴대폰을 놓지 않음. 심지어 자동차를 운전할 때도 그러함. 많은 운전자들이 운전을 하며 옆 사람과 대화를 하고, 또는 휴대폰으로 통화를 하거나 문자를 보냄. 그러는 사이 자동차 사고 확률이 몇 배씩 높아지고 있는데.
- 유니가 본부에서 음료수를 마시며 친구와 문자를 주고받고 오로라와 대화하는 상황을 관찰해 보았음. 4분 동안 유니의 눈동자는 핸드폰에서 오로라로, 오로라에서 음료수로, 음료수에서 핸드폰으로 153회 이동. 집중 대상이 계속해서 바뀌는 것일 뿐, 많은 일을 동시에 하는 것은 아니었음.
- 마술사는 쉽게 여기저기에 집중하는 지구인의 뇌를 아주 잘 이용함. 집중 대상을 계속 바꾸면서 아주 정신없게 만들어 버리면 관객들은 보고도 기억하지 못함. 지구인들의 한계를 잘 알고 활용하는 흥미로운 직업. 쓸모 있어 보이는 지구인임.

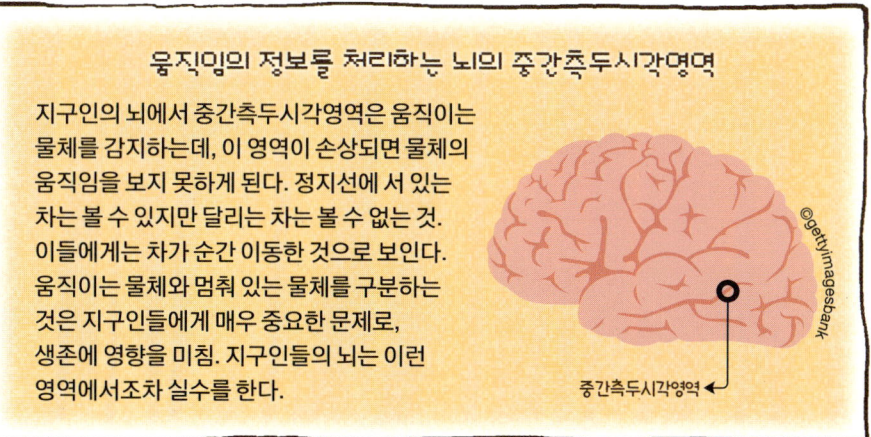

움직임의 정보를 처리하는 뇌의 중간측두시각영역

지구인의 뇌에서 중간측두시각영역은 움직이는 물체를 감지하는데, 이 영역이 손상되면 물체의 움직임을 보지 못하게 된다. 정지선에 서 있는 차는 볼 수 있지만 달리는 차는 볼 수 없는 것. 이들에게는 차가 순간 이동한 것으로 보인다. 움직이는 물체와 멈춰 있는 물체를 구분하는 것은 지구인들에게 매우 중요한 문제로, 생존에 영향을 미침. 지구인들의 뇌는 이런 영역에서조차 실수를 한다.

중간측두시각영역

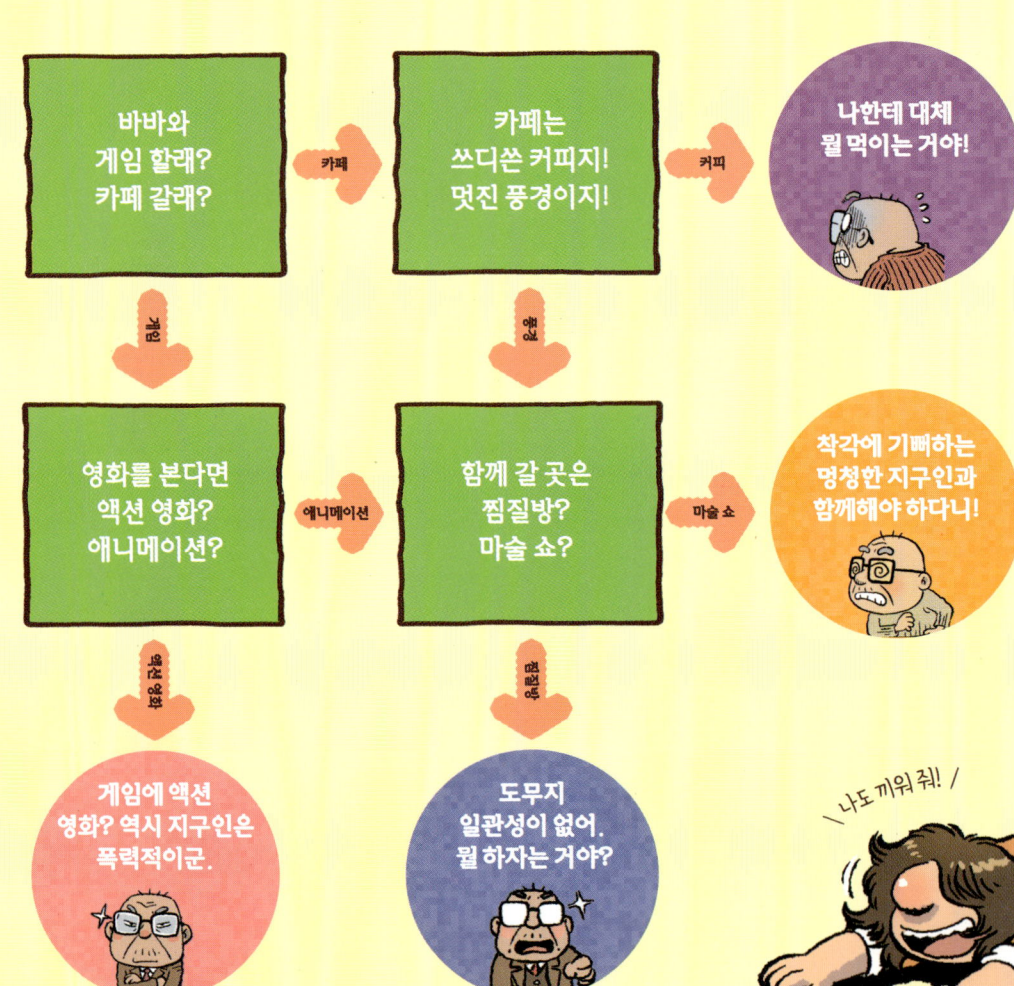

# 6

# 좋은 일이 일어날 거야

지구인은 마음에 따라 시간을 다르게 감각한다

아침마다 유니는 혼자 등교한다. 전에는 수지랑 같이 다녔는데 혼자 다닌 지 좀 되었다.

학교에서 유니는 화장실에 혼자 간다. 전에는 수지랑 서연이랑 꼭 붙어 다녔는데 혼자 다닌 지 좀 되었다. 음악실도 혼자 가고, 체육관도 혼자 가고, 보건실도 혼자 간다. 급식실도 혼자, 아니 급식실에 안 간 지도 좀 되었다. 혼자서는 밥을 못 먹어서 바나나 우유 같은 것으로 대충 때웠다. 곰돌이 젤리도 먹고, 초코 쿠키도 먹고……. 혼자 먹어도 덜 불쌍해 보이는 것으로 대충 먹는다.

그날, 유니가 수지에게 마음을 털어놓은 바로 그날 이후 유니의 인생은 고독지옥에 빠졌다.

그날 이후, 유니에게는 같이 놀기는커녕 말 한마디 나눌 사람도 없었다. 유니는 학교에 있는 시간이 너무나 길게 느껴졌다. 그나마 수업 시간은 견딜 만했지만…….

쉬는 시간은 정말 괴로웠다. 예전에는 너무 짧았던 쉬는 시간 10분이 지금은 수업 시간 45분보다 길게 느껴졌다. 급식 시간은 더했다. 외롭고 지루하고 눈치 보여서 미치기 직전에야 급식 시간이 끝났다.

유니는 집에 와서도 마음이 편치 않았다. 혹시 서연에게 전화가 오지 않을까 자꾸 전화기만 힐끔거렸다.

"어휴, 나 너무 바보 같아."

유니는 한숨을 푹푹 쉬며 서랍을 열었다. 마음을 달래 줄 무언가가 필요했다.

"찬이 오빠……."

유니는 서랍 속에 고이 모셔 둔 작은 병을 꺼냈다. 첫사랑 찬이 오빠의 냄새가 담긴 추억의 병! 바바 할아버지가 유니의 첫사랑 찬이 오빠의 냄새를 쏙쏙 뽑아 넣어 준 병이다. 병뚜껑을 열지 않아도 찬이 오빠의 냄새가 살짝 스쳤다. 순간 찬이 오빠를 응원하던 행복했던 시절, 걱정 없던 시절이 영화처럼 좌르르 스쳐 지나갔다. 그때처럼 가슴이 두근거렸다.

"찬이 오빠, 그때처럼 좋은 날이 다시 올까요? 저한테도 친구가 다시 생길까요?"

유니는 추억의 병이 열릴까 조심조심 들고 밖으로 나갔다. 진한 추억은 그립지만 농축된 찬이 오빠의 땀 냄새가 폭발하면 감당하기 어려울 테니!

유니는 대문 앞에 멍하니 앉았다. 열다섯 유니 인생이 참 한심하게 느껴졌다. 친구도 없고, 갈 데도 없다. 눈물이 날 것 같은 순간, 띵동 문자가 왔다. 기다리고 기다리던 서연이었다.

'유니야, 집에 잘 갔어? 학교에서 너한테 말 걸면 수지가 난리 칠 거라 말 못 걸었어. 나중에 따로 만나자.'

또르르 한쪽 눈에서 눈물이 흘러내렸다. 너무 고맙고, 보고 싶었다.

띵동. 곧바로 문자가 또 왔다.

'내가 문자 보낸 거 수지한테 절대 비밀이야! 수지 알면 나 큰일 나.'

한숨이 났다. 전처럼 같이 놀지 않아도 인사는 나눌 수 있지. 아무리 수지 눈치가 보인다고 문자도 못 보내냐? 꾹꾹 눌러놨던 서운한 마음이 흘러나왔다.

바바는 알고 있었다. 큰 개가 침을 뚝뚝 흘리며 뛰어오는 것도, 유니가 흥분해서 쫓아오는 것도. 하지만 그게 뭐 어떻다고? 토토는 지구 개의 공격 따위는 얼마든지 막을 수 있다. 아우린은 덩치와 상관없이 힘이 매우 세서 30킬로그램의 털북숭이 정도는 가뿐히 날려 버릴 수 있다. 외계인으로 보일까 봐 힘을 숨기고 있을 뿐.

실제로 토토는 자신을 덮친 큰 개를 꼬리로 튕겨 냈다. 유니는 추억의 병에서 나온 지독한 냄새 때문에 큰 개가 떨어진 줄 알지만, 지구인의 썩은 분비물 냄새로는 지구 개들의 싸움을 말릴 수 없다.

"가자, 토토. 찬이 오빠 아니었으면 어쩔 뻔했니!"

유니는 추억의 냄새가 사라진 빈 병을 주워 들고 집으로 향했다. 숨을 헐떡이면서…….

"어휴, 너무 뛰었다. 10분은 뛰었나? 다이어트 엄청 됐겠지? 힘들어 죽겠어."

유니는 겨우 8초 뛰었다.

바바는 지구인의 시간 감각이 떨어지는 줄은 알고 있었다. 그래도 10분과 8초의 차이는 지나치게 컸다.

"토토, 자꾸 집 나오지 마. 큰일 나. 아까 그 엄청나게 큰 개한테 물렸으면 어쩔 뻔했어? 다시는 혼자 나오지 마, 응?"

유니는 토토를 집 안에 넣고 대문을 꽉 닫았다. 갑자기 마음이 허전해졌다.

"토토 때문에 찬이 오빠 냄새가 없어졌어. 소중한 우리 찬이 오빠……. 힝, 그래도 토토가 안 다쳤으니 다행이야."

추억의 병이 사라졌다고 추억까지 사라진 건 아니지만 가뜩이나 외로운 유니의 마음이 더 막막해졌다.

왜 저 아이는 고작 옆집 개를 위해 자신의 소중한 것을 희생하지? 그렇게 멍청한가?

유니는 점 같은 거 안 믿었다. 줌줌할매가 화투로 치는 오늘의 운세도 안 믿고, 위니 원장이 가끔 보는 사주 풀이도 안 믿었다. 타로점도 당연히 안 믿었다. 하지만 너무 막막하니까…….

"점괘가 잘 나오면 위로는 되겠지?"

유니는 터벅터벅 보스의 카페로 들어갔다. 라후드 아저씨가 두 손을 흔들며 반겼다.

"유니야, 어서 와. 아주 특별한 디저트 만들어 줄게."

타로점을 보기도 전에 유니는 벌써 위로를 받았다.

화려한 타로 카드를 놓고 손님을 기다리는 사람은 윤박이었다. 윤박은 과학도 믿고, 외계인도 믿고, 귀신도 믿고, 심령술도 믿고, 초능력도 믿고, 취미로 타로점도 쳤다.

"오늘은 귀인이 나타날 거야."

유니는 아침마다 주문을 외우며 혼자서 학교에 갔다. 그러나 귀인이 손을 내밀긴커녕, 아무도 말도 걸지 않았다. 유니를 구원해 줄 사람은 어디에도 없었다.

유니는 여전히 혼자서 학교에 가고, 혼자서 바나나 우유를 먹고, 혼자서 음악실에 가고, 혼자서 보건실에 갔다. 학생들이 와글와글한 학교에서 외로워 죽지 않으려고 몸부림쳤다.

# 지구인들의 후각은 기억을 불러일으킨다

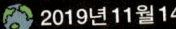 2019년 11월 14일    아우레 7385년 30월 57일   작성자: 바바

**지구 사건 개요**

* 옆집 유니는 특히 개에게 관심이 많음. 지구인의 눈에 띄지 않기 위해 개 슈트를 입지만, 그럴 때마다 유니는 유난히 관심을 보이며 내가 가는 곳마다 따라옴. 심지어 개의 일에도 끼어들고 참견함.
* 오늘 유니는 나에게 달려드는 다른 개의 공격을 막기 위해 자신이 애지중지하는 지구인의 악취 유리병을 희생함. 달려든 개의 특성으로 봤을 때 유리병을 맞았다 한들, 털 속에 박혀서 티도 나지 않았을 것임. 알고 보니, 추억의 악취를 이용해 나를 보호해 주기 위한 것이었음. 매우 비이성적인 판단.
* 유니는 그 후에도 8초를 10분 같다고 하는 등 시간을 감각하는 데도 착오를 일으킴. 지구인들은 똑같은 길이의 시간도 무엇을 하느냐에 따라 다르게 받아들임.

## 지구인의 후각은 기억을 불러일으킨다

- 후각은 지구인들에게 피할 수 없는 감각. 잠시도 숨을 쉬지 않으면 살 수 없으니 평생 무언가의 냄새를 맡으며 사는 것. 매일 2만 회를 들이마시고 내뱉으면서, 약 2천만 개의 수용기 세포를 통해 공기에 들어 있는 냄새 정보를 인식함.
- 지구인이 맡을 수 있는 냄새는 최소 만 가지 이상. 냄새 분자가 만들어 낼 수 있는 냄새는 최소한 1조 가지. 지구인들은 수많은 냄새를 다 인지하지 못하고, 그중 표현할 수 있는 냄새는 매우 극소수. 심지어 처음 맡는 냄새는 설명할 방법을 찾지 못함.
- 예를 들어, 아우린의 임시 본부를 방문한 지구인들이 아우린 본부에 무엇이 있는지 형태나 색은 정확히 설명할 수 있지만, 아우린 본부에서 나는 냄새는 설명할 수 없음. 맡아 본 적 없는 낯선 냄새라 표현할 만한 단어를 찾지 못하기 때문. 그러나 다른 공간에서 같은 냄새를 맡는다면, 아우린 본부를 떠올릴 수는 있음.

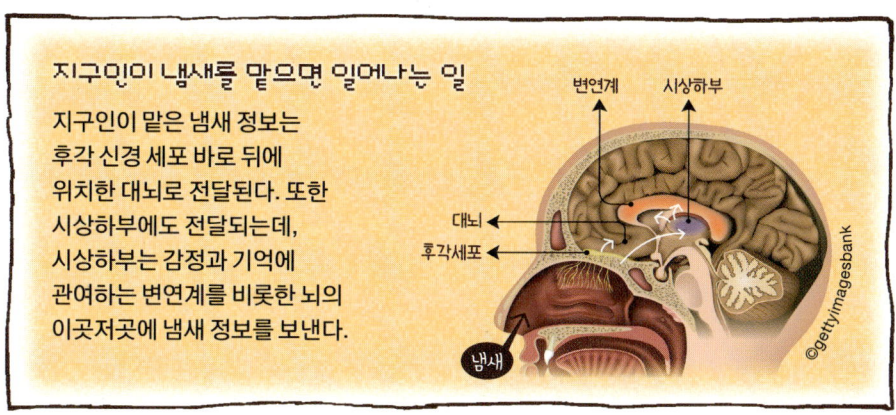

- 다른 감각들이 시상이라는 중간 과정을 거쳐 대뇌의 각 전문 영역에 전달되는 반면, 후각은 그러한 중간 단계 없이 감정과 기억을 담당하는 뇌와 바로 연결됨. 그래서 지구인들에게 냄새는 기억력을 향상시키는 방법이 됨.

## 지구인의 냄새 이용법

- 지구인들에게 냄새는 다양한 기억과 느낌을 만들어 냄. 오래전부터 향수라는 것이 발달한 이유. 몸에서 만들어지는 각종 노폐물을 효과적으로 처리하지도 못하면서 잘 씻지 않았던 수천 년 전부터 향수는 몸에서 나는 악취를 감추고 새로운 향을 입히는 데 사용됨. 목욕 대신 향수였다니, 위생적이지 않은 용도였음.
- 위생 개념이 발달한 현대에도 지구인들은 향수를 사용함. 향기를 이용해 자신의 이미지를 만들어 내는 것. 예를 들어, 책을 아주 좋아하는 지적인 지구인의 느낌을 내고 싶을 때 서점에서 사용하는 향수를 집에 뿌리기도 함.
- 잘못된 행동의 교정에도 냄새를 이용함. 문제 행동을 하려고 할 때마다 불쾌감을 유발하는 냄새를 맡게 해서, 같은 행동을 반복하지 않게 하려는 것. 굉장히 원초적인 방법을 원초적으로 사용하는 지구인.
- 지구인이 싫어하는 냄새가 아우린 본부에서 나게 한다면 지구인을 쫓을 수 있을 것. 그러나 감각이 매우 정확한 아우린의 후각 역시 그 냄새를 견디지 못할 것이 문제. 지구인을 떼어 내긴 매우 어려움.

| 후속 탐사대에게 | 작성자 라후드 |

## 지구인의 감각을 믿지 말 것

- 지구인의 감각은 매우 부정확함. 특히 시간과 거리에 대해서는 절대 믿지 말 것. 지구인들이 만든 기계가 부실해 보여도 지구에서는 지구인이 만든 측정 장치를 이용할 것을 권함.
- 요즘 유니는 학교에서 쉬는 시간 10분을 수업 시간 45분보다 더 길게 느끼고 있음. 단지 쉬는 시간이 너무너무 지루하기 때문임. 루이는 똑같은 37km도 갈 때와 올 때 다르게 느낌. 줍줍은 마술 쇼를 본 날 똑같은 24시간을 평소보다 길게 느꼈음. 이것은 지구인이 반복되는 사건들을 일일이 기억하지 않고, 기억하지 않으면 그 시간이 없었다고 생각하는 비논리적 사고 구조를 가지고 있기 때문임. 기억할 만한 일이 발생한 순간을 더 긴 시간으로 인지하는 것.
- 지구인들은 생생한 기억을 좀 더 최근의 일이라고 생각하는 경향도 있음. 강렬했던 사건은 당시의 상황을 매우 정확하게 묘사하며 "이렇게 오래됐나?"라고 말하면서도, 기억이 잘 안 나는 사건은 "그게 불과 3개월 전이었다고?"라고 말하기 일쑤. 지구인들은 기억도 뒤죽박죽, 기억하는 사건의 배치도 뒤죽박죽.
- 지구인들은 스스로 얼마나 시간에 대한 감이 없는지 잘 알고 있음. 그래서 곳곳에 시계를 만들어 걸어 둠. 그러고도 시간을 잘 지키기 위해 각종 시간 관리법 같은 조언을 해 댐. 객관적인 시간을 인지하지 못한다는 한계를 극복하기 위해 매우 노력 중.

### 시간이 멈춘 것 같았다?

지구인들은 종종 위험한 순간에 "시간이 멈춘 것 같았어."라고 말한다. 짧은 시간에 인생의 모든 기억들이 스쳐 지나갔다고 말하기도 한다. 아주 용감한 실험 참가자들을 모집해 15층 높이에서 자유낙하를 하며 숫자를 읽는 실험을 해 본 결과, 시간이 멈춘 것 같다고 느끼는 상황에서도 지구인들은 더 많은 숫자를 읽지 못했다. 평상시와 똑같은 시간이 흘렀을 뿐이었다.

# 7

# 비밀 공유
## 나만 들을 수 있는 내 이름

'CTS 오빠들, 더 크게 불러 줘. 바깥 소리가 하나도 들리지 않게…….'

유니는 쉬는 시간마다 이어폰을 끼고 음악을 틀었다.

우정 귀걸이를 걸어 보겠다며 한동안 귓불을 괴롭혔던 유니는 이제 음악으로 고막을 괴롭히고 있다. 쉬는 시간에 자는 척할 때도, 화장실에 갈 때도, 공부하는 척 문제집을 들여다볼 때도 음악을 크게 틀었다. 아이들이 떠드는 소리, 웃는 소리, 수지의 말소리……, 다 듣기 싫었다.

무엇보다 싫은 것은 누군가 불러 주지 않을까, 자신도 모르게 기대하는 마음이었다. 유니는 그 마음을 들킬까 봐 불안해서 볼륨을 더 높이고 책상에 엎드렸다.

시끄러운 음악을 뚫고 유니의 귀에 제 이름 소리가 꽂혔다. 유니는 저도 모르게 고개를 들고 소리 나는 쪽을 바라보았다. 의지와 상관없이 일어난 반사 반응이었다.

'유니'가 아니라 '윤희'였다. 소리가 비슷해서 착각을 하고 말았다. 유니는 당황해서 재빨리 고개를 돌렸다. 창피해서 얼굴이 빨개졌다. 교실에서 자신을 부를 친구는 한 명도 없는데……. 여자아이들은 벌써 다 알고 있었다. 수지가, 아니 수지와 서연이가 유니와 절교하고 단짝이 되었다는 것을. 유니가 친구들에게 버림받았다는 것을.

유니는 음악 소리를 더 키웠다. 신나는 댄스 음악이 너무 슬펐다.

위니 미용실 창문으로 유니가 보였다. 위니 원장은 파마를 말다 말고 밖으로 뛰쳐나갔다. 고개를 떨군 채 걸어가는 뒷모습만 보고도 유니가 얼마나 풀이 죽었는지 짐작이 되었다.

"괜히 말 시켜 봤자 엄마가 뭘 아냐고 난리만 치겠지……."

위니 원장은 유니의 친구 문제를 알고 있었다. 써니에게 이것저것 캐물어서 수지랑 싸웠다는 얘기를 듣고는 차라리 잘됐다 싶었다. 여리디여린 유니가 욕심 많고, 성격 강한 수지를 감당하기 힘들 것 같았다.

'그러게 두루두루 친하면 좋은데 우리 유니는 꼭 친구 한두 명한테 목숨을 걸어. 이 기회에 혼자도 잘 지내고 다른 친구도 좀 사귀고 그럼 좋겠는데…….'

위니 원장은 마음이 쓰렸지만 달리 도울 방법이 없었다. 그저 유니의 기분을 좋게 해 주려고 애를 썼다.

다음 날 아침 등굣길, 유니는 음악을 듣지 않았다.

'엄마 아빠의 소중한 딸인 내 귀는 소중하니까.'

유니는 어깨를 펴고 당당하게 걸으려고 했다. 하지만 교실에 들어서자마자 저절로 어깨가 움츠러들었다. 유니는 서둘러 음악을 틀고 소리를 높였다.

"유니……."

음악 사이로 유니의 이름이 스쳤다. 잠시 방심했다. 유니는 또 소리가 나는 쪽을 돌아보고 말았다.

"유니…팝인가? 아니다, 유니온. 그 여드름 연고 진짜 좋아. 턱드름이……."

여드름이 지상 최대의 고민인 해진이와 눈이 마주쳤다. 해진이는 놀란 유니를 빤히 쳐다보았다.

'아유, 돌아보지 말았어야지! 창피하게.'

유니는 해진의 눈길을 피하며 몸서리를 쳤다.

해진이는 초등학교 6학년 때 같은 반이었다. 달리기를 잘하고 남자, 여자 가리지 않고 친구들과 잘 어울렸다. 하지만 유니는 해진이랑 말도 몇 번 안 해 봤다. 그때도 세상에는 단짝이나 자기 그룹의 애들만 있는 줄 알고 살았다.

'6학년 때 좀 친하게 지낼걸. 몇 번이나 같은 모둠이었는데…….'

유니는 처음으로 내 단짝, 내 그룹 말고 다른 사람들에 대해 생각해 보았다.

 점심시간이 또 돌아왔다. 배고프고 지루하고 눈치 보여서 괴로운 점심시간. 하지만 오늘 아침에 유니는 결심했다. 용기를 내어 이제부터 밥을 먹겠다고.

 유니는 같은 반 아이들보다 조금 늦게 급식실로 향했다. 이어폰을 끼고 아무렇지도 않은 척했지만, 아이들이 다 자기만 쳐다보는 것 같아 고개가 수그러들었다.

 '혼자 밥을 먹으면 수지가 비웃겠지? 모르는 애들이 나를 왕따라고 생각하면 어떡해.'

 유니는 급식 줄에서 슬그머니 빠져나왔다. 감자튀김 냄새가 참을 수 없이 고소했지만 매점에 가서 마실 거나 사 먹기로 했다.

유니는 멈칫했다. 이렇게 시끄럽고 정신없는 와중에 자기 이름은 귀에 쏙 들어오는 걸 보면, 사람의 귀는 참 신기하다. 귓속에 자기 이름만 걸러 듣는 필터가 있나? 하지만 이번에도 잘못 들었겠지.

'유니온 연고나 유니콘 샴푸나 뭐 그런 걸 거야.'

무시하고 가려는 유니의 귀에 이번에는 아주 또렷하게 소리가 들렸다.

톡톡 어깨를 두드리는 손가락. 유니는 슬그머니 뒤를 돌아보았다. 해진이였다.

"우리랑 같이 먹자. 저쪽 자리로 와."

유니는 당황해서 대답도 하지 못했다. 해진이가 왜 이러지? 내가 불쌍해 보이나? 당황스럽기도 하고 자존심도 상했다.

"아니 됐어. 난 배가 안……."

"케첩 많이 가져와~. 감자튀김에 욕심부리느라 깜빡했어."

해진이가 아랫입술을 쭉 내밀며 제 식판을 내보였다. 감자튀김이 산처럼 쌓여 있었다. 유니는 저도 모르게 픗 웃었다. 해진이가 따라 웃으며 말했다.

"내가 식탐이 좀 많다, 왜?"

유니는 얼른 식판을 챙겼다.

그리고 식판 한쪽에는 케첩만 한가득 채웠다.

한밤중, 통신실 안에서 바바는 고민에 빠졌다.

아우레 탐사대는 공식적으로 지구와 지구인을 탐구하여, 아우린과 지구인의 공존 방법을 찾으러 왔다. 하지만 비밀 요원 바바의 임무는 조금 달랐다. 지구가 아우린들에게 쓸 만한 행성이면, 빨리 탈취하라는 비밀 명령을 받았다.

높은 이성의 아우린들은 탈취보다 평화로운 공존이 더 가치 있다는 사실을 잘 안다. 하지만 이성이 낮은 자들과의 협상은 우주 전쟁을 불러올 수 있기에 신중해야 한다. 바바는 그런 가능성까지 모두 계산하여 지구인을 제거하고 지구를 접수하자는 비밀 보고서를 이미 보냈다. 하지만······.

"지구인은 이성도 낮고, 감각도 정확하지 않다. 위험하고 어리석다. 그럼에도 불구하고……."

바바는 행성에 보낼 비밀 보고서를 새로 썼다.

# 지구인들은 원하는 소리만 들을 수 있다

🌏 2019년 11월 18일  아우레 7385년 31월 4일  작성자: 오로라

**지구 사건 개요**

* 요즘 유니는 귀에서 이어폰을 빼지 않음. 항상 귀를 열어 놓고 있어도 필요한 소리를 다 듣지 못할 텐데, 참 쓸데없는 행동임.
* 얼마 전까지 유니는 귀걸이를 하기 위해 자신의 귀를 폭사시켰음. 이제 겨우 귀의 상처가 아문 것 같은데, 다시 시끄러운 소음으로 귀를 괴롭힘. 유니의 귀는 무사히 기능을 할 수 있을까?
* 대원들이 지구 생활에 적응하며 임무를 망각하는 횟수가 많아짐. 안전을 위해 모든 정보를 공유하고 함께 대안을 만들어야 하는 상황에서 매우 위험해 보임. 반드시 해결해야 함.

## 관심 있는 소리는 잘 듣는다

- 지구인들은 모두 귀가 두 개임. 이어폰은 보통 양쪽 귀에 같이 사용하며, 같은 소리가 나오도록 설정되어 있음. 그러나 양쪽에서 다른 소리가 나오는 경우, 지구인들은 어느 한쪽 귀에 들리는 소리를 더 잘 듣게 됨.
- 이때 지구인들이 주로 듣는 것은 본인이 관심을 가지고 있는 주제. 유니가 자기 이름과 비슷한 소리만 나와도 움찔움찔 신경이 곤두서는 것은 그만큼 자기 이름을 불러 줄 친구를 찾고 있다는 의미.
- 이어폰으로 귀를 꽉 틀어막고 있는 유니의 뒤를 따라다니며 작게 이름을 불러 봄. 이어폰을 끼고서는 듣기 힘든 속삭이는 소리였음. 그러나 유니는 음악을 듣고 있는 중에도 자기 이름을 부르는 목소리를 인지하고 계속 뒤돌아봄.
- 지구인들은 여러 명이 동시에 말을 할 때가 있음. 10명이 한 테이블에서 얘기하는 경우, 2~3명씩 서로 다른 이야기를 할 확률이 매우 높음. 이때 그 경계에 있는 사람들은 어느 한쪽의 대화를 주로 듣거나, 어떠한 얘기도 이해하지 못하게 됨.

### 소리로 다른 소리를 통제하는 지구인들

실제로 발생하지도 않은 소리를 계속해서 듣는 사람들이 있다. 귀울림 환자들은 남들이 듣지 못하는 소리를 혼자 대뇌 피질에서 듣는다. 이때 귀울림과 비슷한 소리가 나는 장치를 끼고 있으면, 증상이 사라진다.
유니가 학교에서 계속 음악을 듣고 있었던 건 자기만 빼고 즐겁게 대화하는 친구들의 소리를 듣고 싶지 않았던 것. 그러나 음악 소리로 대화 소리를 막는 데는 실패함. 음악보다 유니라는 인물이 등장하는 드라마나 토크 쇼를 들었다면 더 효과적이지 않았을까?

- 그러나 본인의 관심사라면 대화에 참여하고 있지 않거나 멀리 떨어져서 대화가 진행되어도 들을 수 있음. 모든 감각이 그쪽으로 향하는 것. 시끄러운 칵테일파티에서도 본인 이름과 같은 정보는 들린다는 의미에서 칵테일파티 효과라고 함.
- 어느 한 가지 감각에 집중해도 그 한 가지를 완벽히 처리하는 데 어려움을 겪는 지구인들이지만, 항상 여러 가지 것들을 동시에 하려고 애씀. 집중력이 떨어져 온갖 실수를 하면서도 집중력을 높이려 하지 않음.

## 지구인이 매일 듣는데 듣지 못하는 소리

- 지구인들은 소리 정보에도 의미를 부여함. 소리 정보는 뇌로 전달되는 과정에서 감정을 조절하고 기억을 저장하는 변연계에도 전달되기 때문. 이 과정에서 음파가 의미를 가진 정보로 바뀌어 감정을 유발하고, 이미 기억하고 있는 소리와 비교함.
- 지구인들은 본인에게 익숙한 소리는 오히려 듣지 못함. 예를 들어, 시계 초침 소리나 매일 밤 들리는 기차 소음에는 무뎌짐. 이러한 소리들은 친숙하고 본인에게 해를 끼치지 않으며, 다른 행동을 취할 필요가 없는 소리이기 때문.
- 아무리 큰 소음에도 깨지 않고 깊게 자는 사람도 아이의 울음소리가 들리거나, 본인에게 위협이 될 수 있는 소리를 듣는 경우에는 금방 잠에서 깸. 소리가 뇌에서 재해석되는 과정에게 의미를 갖게 되는 것.

## 이 책을 만든 사람들

**정재승**
기획

KAIST에서 물리학으로 학사, 석사, 박사 학위를 받았습니다. 예일대학교 의과대학 정신과 박사후 연구원, 고려대학교 물리학과 연구교수, 컬럼비아대학교 의과대학 정신과 조교수를 거쳐, 현재 KAIST 바이오및뇌공학과 교수로 재직 중입니다. 우리 뇌가 어떻게 선택을 하는지 탐구하고 있으며, 이를 응용해서 로봇을 생각만으로 움직이게 한다거나, 사람처럼 판단하고 선택하는 인공지능을 연구하고 있습니다. 쓴 책으로는 <정재승의 과학 콘서트>(2001), <열두 발자국>(2018) 등이 있습니다.

**정재은**
글

프로젝트를 진행하는 동안 때로는 아싸로, 때로는 라후드로, 때로는 오로라나 바바로 끊임없이 정신을 분리하며 도서 전체의 스토리를 진행했습니다. 가 본 적 없는 아우레 행성과 직접 열어 본 적 없는 지구인의 뇌를 스토리 속에 엮어 내기 위해 엄청 열심히 공부를 해야 했습니다. 쓴 책으로 <똥핑크 유전자 수사대> <멘델 아저씨네 완두콩 텃밭> <미스터리 수학유령> 시리즈 등 다수의 어린이 책이 있습니다. 머릿속 넓은 우주가 어디로 펼쳐질지 모르는 창의력 뿜뿜 스토리텔러.

**김현민**
그림

일찍이 유럽으로 시장을 넓힌 대한민국의 만화가. 대학에서 산업디자인을 전공한 뒤 어릴 때 꿈을 찾아 만화가가 되었습니다. 프랑스 앙굴렘 도서전에 출품한 것을 계기로 프랑스 출판사에서 <Archibald 아치볼드>라는 모험 만화를 만들고 있습니다. 인간이 아닌 괴물이나 신기한 캐릭터 등 상상력을 발휘할 수 있는 그림을 좋아합니다. 몸은 지구에서 벗어날 수 없지만, 머릿속은 항상 우주의 여행자가 되고 싶은 히치하이커.

**이고은**
글

지구인들의 심리를 과학적으로 설명해서 보여 주는 것이 취미이자 특기인 인지심리학자. 부산대학교에서 심리학으로 학사, 인지심리학으로 석사와 박사 학위를 받은 뒤, 강의와 연구를 하고 있습니다. 과학 웹진 <사이언스온>에서 '심리실험 톺아보기' 연재를 시작으로 각종 매체에 심리학을 소개해 왔으며, <마음 실험실>(2019), <심리학자가 사람을 기억하는 법>(2022)을 펴낸 과학적 스토리텔링의 샛별.

# 뇌가 말랑해지는 시간 6권 미리보기

**지구인이라면
제대로 보일 리가 없다!
지구인의 눈을 어지럽힐
착시의 세계로~!**

# 지구인을 위한 아주 쉬운 시각 테스트

**❶ 어느 아짜가 더 클까?**

**❷ 어느 면이 더 진한 색일까, A? B?**

❸ 가장 위 칸에 있는 바바는?

❹ 라후드가 탕탕면을 먹다 젓가락을 떨어트렸다.
A와 B 중, 어디를 집어야 젓가락을 주울 수 있을까?

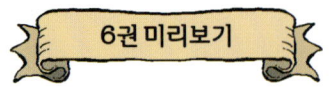

# 본부에 들이닥친
# 아우레의 새 요원!

### 그런데 너… 남자냐, 여자냐?

유에프오 카페에서 쏘아 올린 강력한 전파에 이끌린 것일까? 어느 날 보스의 눈앞에 듣도 보도 못한 수상한 존재가 나타난다. 지구인과 닮은 듯 다른 기이한 모습을 한 자는 바로 아우레의 특수 요원 루나!

"지구인 탐구 보고서를 꼼꼼하게 읽고 완성한 지구인 슈트다. 눈 두 개, 코 하나, 입 하나, 머리에 털까지. 완벽한 지구인이다."

하지만 루나의 모습을 본 탐사대원들은 코웃음을 치는데…….

"지구인의 기본도 모르는군. 남자냐, 여자냐? 제대로 변신해라."

아우레에선 없어진 성 개념이 지구엔 남아 있었던 것. 지구인이 되려면 성별부터 정해야 한다. 그렇다면, 뛰어난 이성을 가진 루나는……!

띵동~.

"집에 있어~?"

"줍줍이다! 빨리 아무거나 골라서 변신해!"

"남자? 여자? 둘 중에 뭐가 더 좋나?!"

"지구인은 다 별로다. 일단 숨어!"

엉겁결에 변신을 마친 루나, 당장 지구 분석을 시작한다. 지구인들은 아우린에게 얼마나 해로운 존재일까? 하지만 주변엔 온통 사랑에 빠진 멍청한 지구인들뿐. 좋아하는 이에게 잘 보이고 싶다며 하루 종일 거울만 들여다보고, 식물을 왕창 꺾어 선물하는 지구인들은 도대체 위험해 보이지 않는다. 지금까지의 탐구 보고서는 뭐지……? 루나는 대원들을 의심하기 시작한다.

과연 루나는 지구인들을 어떻게 판단할까? 미니미 우주선을 타고 온 루나가 챙긴 아우레의 중요한 물건은 무엇?

남의 손은 물론 자신의 손도 잡지 않는 아우린들은 손만 스쳐도 찌릿해서 잠 못 이루는 지구인들을 보며 어떤 보고서를 쓰게 될까?

아우린들이 관찰하는 지구인의 "성" 이야기가 6권에서 이어집니다.

# 정재승의 인간탐구보고서
## 05 인간의 감각은 화려한 착각이다

**기획** 정재승
**글** 정재은 이고은
**그림** 김현민

**사진** getty images bank, Twitter, Wikimedia Commons

1판 1쇄 발행 2020년 12월 09일
1판 5쇄 발행 2022년  6월 10일

**펴낸이** 김영곤
**융합1본부장** 문영  **아동마케팅영업본부장** 변유경
**기획개발** 문영 이신지  **디자인** 한성미  **융합1팀** 정유나 오경은
**아동마케팅1팀** 김영남 황혜선 최예슬 이규림  **아동마케팅2팀** 원정아 이해림 고아라
**아동마케팅1팀** 이도경 오다은 김소연  **아동마케팅2팀** 한충희 오은희
**제작** 이영민 권경민

**펴낸곳** ㈜북이십일 아울북
**출판등록** 2000년 5월 6일 제406-2003-061호
**주소** (10881) 경기도 파주시 회동길 201(문발동)
**대표전화** 031-955-2100 **팩스** 031-955-2177
**홈페이지** www.book21.com

ⓒ정재승·김현민·정재은·이고은, 2020
이 책을 무단 복사·복제·전재하는 것은 저작권법에 저촉됩니다.

ISBN 978-89-509-8311-6 74400
ISBN 978-89-509-8306-2 74400 (세트)

책값은 뒤표지에 있습니다.
잘못 만들어진 책은 구입하신 서점에서 교환해 드립니다.

• 제조자명 : ㈜북이십일
• 주소 및 전화번호 : 경기도 파주시 문발동 회동길 201(문발동) / 031-955-2100
• 제조연월 : 2022.6.10.
• 제조국명 : 대한민국
• 사용연령 : 3세 이상 어린이 제품

## 너와 나, 우리들의 마음을 이해하게 도와줄
## 첫 번째 뇌과학 이야기
# 정재승의 인간 탐구 보고서 (1~9권)

❶ 인간은 외모에 집착한다
❷ 인간의 기억력은 형편없다
❸ 인간의 감정은 롤러코스터다
❹ 사춘기 땐 우리 모두 외계인
❺ 인간의 감각은 화려한 착각이다
❻ 성은 우리를 다르게 만든다
❼ 인간은 타고난 거짓말쟁이다
❽ 불안이 온갖 미신을 만든다
❾ 인간의 선택은 엉망진창이다

뇌 지도, 호르몬 지도,
호미닌과 유인원의 이야기까지!
재미있는 책 속 부록들도
놓치지 마~!

## 인류의 과거와 현재를 이어 줄
## 아우린들의 시간 여행!
# 정재승의 인류 탐험 보고서 (1~3권)

고고학적 사실과 과학적 상상력의
특별한 만남!
인류학 탐정이 되어 오래전
호미닌의 모험을 함께해 보세요!

❶ 위대한 모험의 시작
❷ 루시를 만나다
❸ 달려라, 호모 에렉투스!

옛날 지구인들은
이랬단 말이지?